Cuisinons avec les algues !

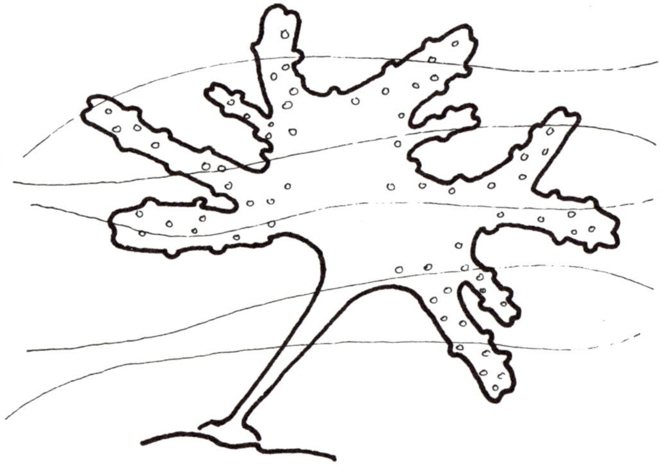

Hélène MAGARINOS-REY

Cuisinons avec les algues !

Cuisine & Santé

Collection
EQUILIBRES
AUJOURD'HUI

Charles Corlet
EDITIONS

DU MEME AUTEUR

* Cuisine pour une vie nouvelle (chez l'auteur).

EQUILIBRES AUJOURD'HUI

* Collection Cuisine-Santé

Les céréales
Tartes en fête
Galettes de toujours
Les pâtés végétaux
La cuisine au Tofu
Les graines germées
Les fruits Energie
Les fruits du soleil
Salades au naturel
Cocotte de légumes
A la bonne soupe
Corbeille de fruits
Fèves et pois
L'alimentation saine en 13 leçons
85 recettes autour du monde
L'alimentation naturelle du nourisson
Les délices de la ruche
A l'huile ou au beurre
La cuisine au fromage
Cuisine-Santé en Provence
Pains, brioches et levains
Les aliments fermentés
La cuisine végétalienne
Gâteaux, Cakes et Fantaisies
La cuisine provençale
A la découverte des aliments fermentés
Le végétalisme en 118 recettes

ISBN : 2-87724-068-1

Je remercie Chantal et Lionel Clergeaud pour leur chaleureux et amical soutien lors de la conception et la préparation de cet ouvrage.
J'exprime aussi mes vifs remerciements aux GALERIES LAFAYETTE de Montpellier pour la vaste et belle gamme de vaisselle mise gracieu-sement à ma disposition pour les compositions photographiques, ainsi qu'à PHOTO LABO DIRECT S.A. de Castries (Hérault) pour la qualité du travail et le soin apporté au développement des diapositives nécessaires à ces compositions.

Photo de 4e de couverture : LIMA - BELGIQUE

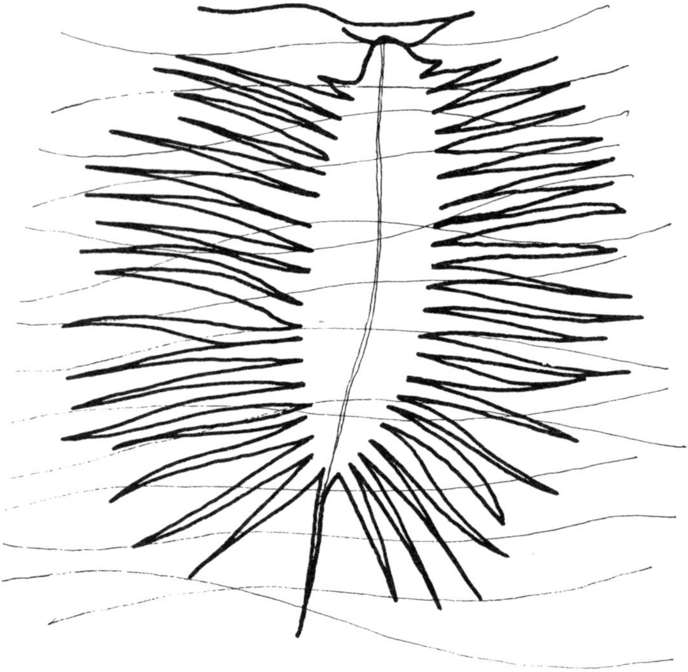

INTRODUCTION GÉNÉRALE SUR LES VÉGÉTAUX MARINS

Les algues sont des végétaux très anciens qui furent les premiers êtres vivants à créer de l'oxygène. Ce fut l'acte de naissance de la Planète Bleue et le point de départ de l'histoire des plantes et à sa suite de celle du règne animal et humain.

Toutes les algues ont une structure interne très simplifiée : pas de différenciation cellulaire, pas de vaisseau conducteur de sève. Les échanges nutritifs se faisant directement, par osmose, avec le milieu ambiant. Les algues n'ont pas d'appareil d'absorption, simplement un crampon pour se fixer au substrat.

Cette simplicité interne n'empêche aucunement une très grande diversité de tailles, de formes et de couleurs : de 100 m pour le Macrosystis Pyrifera au plancton unicellulaire en passant par les fins gélidiums, et les larges laminaires de plusieurs mètres.

Les algues nous offrent une panoplie de couleurs étonnantes. Présence des verts mais aussi des bleus, des brun-dorés, bronze ou chocolat, des rouges carmin au rose léger, des violets, des noirs purs ou moirés de pourpre, des ocres, des blanchâtres, nous permettant de les classifier en trois groupes : algues vertes, algues rouges, algues brunes.

Les algues alimentaires, vivent dans la zone de balancement des marées, l'étage média-littoral, et jusqu'à moins trente mètres dans l'étage infra-littoral.

D'autres facteurs influencent la répartition des algues :

1 • Le substrat : elles ont besoin de rochers assez gros.

2 • L'orientation de la côte par rapport au large : mode battu directement exposé à l'action des vagues. Le mode

abrité moins exposé au brassage des eaux par les vagues, accueille les algues les plus fragiles.

3 • La qualité de l'eau : c'est une question angoissée qui surgit sur beaucoup de lèvres : « mais les algues ne sont-elles pas polluées ?». Et cette question est plus que légitime, elle est primordiale. La première précaution est de bien connaître les lieux de rejet des effluents d'origine urbaine industrielle rurale ou accidentelle : ces renseignements peuvent être pris auprès des ministères concernés et des communes des lieux.

* Tout phénomène de pollution marine avérée fait l'objet d'un arrêté prefectoral portant sur « une zone déclarée insalubre ». A contrario, les zones non désignées sont propices à la cueillette et à la vente, après analyse d'échantillons. Les algues, ne filtrent pas : elles absorbent les éléments nutritifs par osmose. Il n'y a pas de concentration des produits toxiques comme dans les coquillages.

* Tout le littoral breton est en fait extrêmement propice à la récolte des algues ; sans doute l'un des plus riches d'Europe.

* Au Japon les lieux de culture et de ramassage des algues font aussi l'objet d'une surveillance constante, de tests et d'analyses régulières. Les algues japonaises importées en Europe sont d'une qualité et d'une salubrité tout à fait comparable à celles de Bretagne.

* La récolte des algues-épaves n'est pas souhaitable.

* Il est important de comprendre que la pollution de la mer n'est pas du tout uniforme. Apparemment très mélangée par l'action incessante des vagues, des vents, et des courants, l'océan n'est pas un vaste chaudron dans lequel toutes les pollutions sont mélangées, brassées, puis répandues, partout uniformément. Bien au contraire, par les effets conjugués de la configuration des côtes, des courants marins , des différences de températures dans les masses d'eau, des caractéristiques des fonds marins, de la largeur et de la pente du plateau

continental, les zones de pollution sont le plus souvent étroitement circonscrites en des points bien précis et bien connus, laissant le reste du littoral sain.
* Les pollutions par hydrocarbures, aussi massives soient-elles ne résistent pas à l'action purificatrice de l'océan lui-même. Des algues, des bactéries s'attaquent au pétrole qui est hautement bio-dégradable. Avec le temps, la vie reprend ses droits, l'eau est purifiée.
* Les algues elle-mêmes, produisent des substances antibiotiques, anti-mycosiques et anti-virales qui les protègent des pollutions bactériologiques et assainissent le milieu.
* Si des effluents d'engrais chimiques solubles sont déversés dans la mer, cet apport inopiné de nourriture provoquera une prolifération d'algues.
* Grâce à la présence d'acide alginique les algues ont le remarquable pouvoir de former des composés insolubles, on dit de se chélater, avec les métaux lourds, les ions radioactifs, les pesticides et substances de synthèse. Là encore les algues réduisent la pollution.
* En conclusion il est clair que les algues doivent être, et sont, récoltées dans des lieux exempts de toute pollution ce qui est le cas de la majeure partie du littoral breton et atlantique en général.

1. Aperçu historique sur la consommation des algues.

On pense que les hommes primitifs, habitant au bord de la mer, ont consommé des algues régulièrement et ce, un peu partout, autour du monde.

Dans les temps anciens, en Europe, elles ne sont consommées que sur les côtes, de façon limitée. En Orient, au contraire, leur consommation se maintient, se raffine et augmente avec le passage des siècles.

Actuellement de très nombreux peuples mangent régulièrement des algues. Le Japon arrive en première place avec près de 1,5 kg par personne et par an, la

Corée, la Chine, la Polynésie, les îles Hawaïennes, le Chili, le Pérou, l'Indonésie, les îles Philippines ont aussi une culture alguale ancienne et importante.

En Amérique et au Canada, les algues sont consommées après transformation pour l'industrie agro-alimentaire, sous forme de carragheen, d'agar et d'algine.

En Europe, c'est surtout dans les îles Britanniques et en Irlande que l'on consomme des dulses, des Porphyra, des laitues de mer et des laminaires. Les autres pays européens les connaissent et les utilisent moins. Cependant, l'introduction de carragheen, d'agar et d'algine dans nos aliments est de plus en plus importante. Nous consommons tous des algues sans le savoir.

Le monde scientifique a tourné ses regards vers la mer et ses richesses. Les algues se sont révélées être de véritables cornes d'abondance déversant une moisson incomparable de minéraux, d'oligo-éléments, vitamines, et beaucoup d'autres facteurs aux actions bénéfiques. L'aboutissement de cette évolution a été la publication dans le Journal Officiel de la liste des algues alimentaires désormais reconnues et acceptées en France.

La spirulina et la chloréla ont aussi retenu l'attention : elles sont exceptionnellement riches en protéines, en fer, en vitamines. Elles se consomment le plus souvent en capsules ou en comprimés.

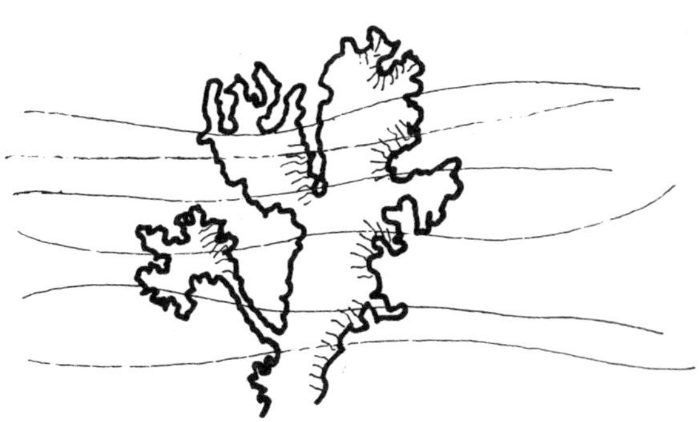

2. Valeur nutritionnelle des algues :

Algues (par 100g)	Eau	Pures protéine	Lipides	Hydrates de carbone	Fibres	Cendres/ minéraux
bleu-vert Nostoc commune	10,6	20,9	1,2	55,7	4,1	7,5
Verte laitue de mer Esp. Ulva	15,2	23,8	0,6	42,1	4,6	13,7
Aor nori Esp. Enteromorpha	3,7	20,7	0,3	61,5	7,2	6,6
Aramé Elsenia bicyclis	19,3	7,5	0,1	50,8	9,8	12,5
Iziki brune Hizikia fusiforme	16,8	5,6	0,8	29,8	13,0	34,0
	13,1	19,4	0,4	40,3	5,5	17,2
Wakamé Undaria pinnatifida	16,0	12,7	1,5	47,8	3,6	18,4
Kombou Esp. Laminaria	18,0	6,7	1,6	49,1	5,4	19,2
Agar - Agar } Esp. Gracilaria	12,9	7,9	0,05	58,4	3,0	17,8
Agar - Agar } Chondrus crispus	16,1	11,2	2,6	54,8	2,4	14,2
Nori Porphyra tenera						
(inférieure)	13,4	29,0	0,6	39,1	7,0	10,9
(médiane)	11,1	34,2	0,7	40,5	4,8	8,7
(supérieure)	11,4	35,6	0,7	39,6	4,7	8,0
Riz complet	13,4	7,4	2,2	74,6	4	
Œuf	73,8	12,9	11,7	0,6	0	
Lait pasteurisé	87,5	3,3	3,5	48	0	
Fromage (emmental)	35,7	28,7	29,7	-	0	
Chou	93,0	1,5	0,2	3,2	2,5	

Elle est étonnante !

1. Les algues contiennent de 6 à 34% de minéraux ce qui est beaucoup plus en moyenne que dans les aliments terrestres.
2. La quantité de protéines est comparable à celle rencontrée dans les céréales complètes, dépassant souvent largement les teneurs existantes dans les œufs ou dans la viande de bœuf (12%).
3. La teneur en lipides est très faible.
4. Les glucides sont en une bonne partie des mucilages non assimilables, accélérant le transit intestinal, et provoquant ainsi une diminution de l'absorption calorique.

Ces aliments semblent donc faits pour notre époque qui souffre d'un excès constant de calories dans la ration alimentaire mais où les carences en minéraux et en vitamines sont souvent très importantes.

Le Calcium

Légumes de mer (secs)		Autres aliments	
Iziki Hizikia fusiforme	1,400	Graines de sésame	1,100
Wakamé Undaria Pinnatifida	1,300	Sardines séchées	330
Aramé Elsenia bicyclis	1,170	Haricots de soja	190
Analipus japonicus	890	Lait	100
Kombou Esp. Laminaria	800	Epinard	98
Laitue de mer Esp. Ulva	730	œufs	65
Ao-Nori Esp.Enteromorpha	600	Chou	24
Nori Porphyra tenera	470		

Le calcium est indispensable à la formation des os, aux échanges inter-cellulaires, à la contraction des muscles. Les algues ont de 3 à 14 fois plus de calcium que le lait. Sans graisses saturées c'est idéal pour les personnes ayant du cholestérol, des problèmes cardio-vasculaires ou souffrant d'un excès de poids, pour les enfants, les femmes enceintes ou qui allaitent, pour les sportifs et les intellectuels.

Le Fer.

Légumes de mer (secs)		Autres aliments	
Ao-Nori Esp.Enteromorpha	106	Graines de sésame	16
Laitue de mer Esp. Ulva	87	jaune d'œuf	63
Iziki Hizikia fusiforme	29	Haricots de soja	7
Kombou Esp. Laminaria	15	Sardines	10
Wakamé Undaria Pinnatifida	13	Haricots verts	6
Aramé Elsenia bicyclis	12	Epinards	33
Analipus japonicus	10	Bœuf	36
Nori Porphyra tenera	23		

L'hémoglobine centrée autour d'un atome de fer assure la bonne utilisation de l'oxygène dans notre corps. Un manque de fer conduit à l'anémie. Toutes les algues en sont riches : jusqu'à 3 fois plus que les épinards !

L'iode

Teneur en iode (unité mg %)

Algues (sèches)		Autres aliments	
Kombou	193-471	Coquillages	0,29
Aramé	98-564	Crustacés	0,15
Sargasse	300	Poisson	0,07
Iziki	40	Eau de mer	0,005
Wakamé	18-35	œufs	0,006
Esp. Gelidium	160	Viande	0,005
Chondrus ocellatus	1,1	Oignons, carottes	0,002
Nori	0,5	Beurre	0,01

L'iode fait partie des hormones thyroïdiennes qui contrôlent les oxydations cellulaires, la croissance, le développement physique et mental.

Les laminaires, wakamé et aramé en sont très riches. Les personnes hyperthyroïdiennes doivent s'en abstenir.

• Le phosphore joue un rôle capital dans l'activité cérébrale. Les algues nori, wakamé, kombou, aramé en sont très riches et peuvent, avantageusement remplacer le fromage.

• Le potassium et le magnésium présents en abondance dans les algues, aideront à combattre la spasmophilie, les troubles cardiaques, l'hypertension.

• Le cuivre renforce les défenses immunitaires, protège les cheveux et la peau. Les algues en sont riches, particulièrement la dulse.

• Le cobalt, oligo-élément présent dans les algues, fait partie de la vitamine B 12, qui prévient et guérit l'anémie pernicieuse.

• Les algues contiennent toutes du zinc.

• Le magnésium lutte contre le vieillissement, contre les infections microbiennes et virales, contre le cancer, l'infarctus du myocarde, la tétanie. Les végétaux marins en sont largement pourvus.

• Notons la présence dans les algues d'oligo-éléments indispensables comme catalyseurs dans les processus vitaux les plus variés.

• Les très hautes teneurs en vitamines des algues sont remarquables.

Par 100 g	A (UI)	B_1 (mg)	B_2 (mg)	Niacine (mg)	C (mg)	B_6 (mg)	B_{12} (µg)	Acide Folique (µ)
Légume de mer (sec)								
Nori Porphyra tenera (sup.)	44,500	0,25	1,24	10,0	20			
(moyen) 38,400	0,21	1,00	3,0	20	1,04	13-29	8,8	
(inf.) 20,400	0,12	0,89	2,6	20				
Laitue de mer Ulva	960	0,06	0,03	8,0	10		6,3	11,8
Ao-Nori Enteromorpha	500	0,04	0,52	1,0	10		1,3	42,9
Aramé bicyclia	50	0,02	0,02	2,6	0			
Kombu Laminaria	430	0,08	0,32	1,8	11	0,27	0,3	
Iziki fusiforme	150	0,01	0,20	4,0	0		0,57	21,8
Wakamé pinnatifida	140	0,11	0,14	10,0	15			
Tomates 200	0,08	0,03	0,3	20	0,11	0	28	
Epinards 2,600	0,12	0,30	1,0	100	0,18	0	140	
Pommes 5	0,02	0,03	0,2	5	0,03	0	5	
Chou 10	0,05	0,05	0,2	44	0,16	0	90	

• La vitamine A a un rôle dans la vision, les processus anti-infectieux : la nori, la laitue de mer, les laminaires, les ao-nori en ont beaucoup.

• La vitamine B1: son manque provoque le béri-béri, à un degré moindre il y a dépression, irritabilité, fatigue qui sont des maux dont souffrent beaucoup de personnes. Les algues peuvent suppléer à cette carence dangereuse surtout la nori, la wakamé, la laitue de mer et l'ao-nori.

• La vitamine B2 se trouve en abondance dans la nori, l'ao-nori et les izikis.

• Un manque de B6 entraîne dépression et apathie: la nori, les laminaires en sont riches.

• La laitue de mer, la nori, la wakamé, l'iziki ont des teneurs comparables ou supérieures à celles de la viande, des céréales complètes, des poissons en vitamines PP.

• Les algues contiennent autant de vitamine C que les tomates, trois ou quatre fois plus que les pommes, mais moins que les choux, les épinards ou les agrumes.

• La vitamine B12 a la réputation de n'être présente que dans les produits animaux, pourtant les algues en sont riches, spécialement la nori, la laitue de mer, l'ao-nori, les izikis.

• Les algues sont des aliments concentrés, de véritables réservoirs de minéraux, de vitamines et d'oligo-éléments. Un apport régulier de quelques grammes (3 à 7g) redonnera vitalité, énergie, et dynamisera le fonctionnement de tout l'organisme.

Mais les algues ont d'autres propriétés inattendues :

1) Elles ont des agents hypotenseurs, d'autres font baisser le taux de cholestérol sanguin.

2) Leurs polysaccharides ont des propriétés anti-coagulantes.

3) Elles ont des effets anti-tumoraux, des substances antibiotiques, anti-mycosiques et anti-virales.

Pour profiter de l'extraordinaire richesse minérale, vitaminique et gustative des algues, la meilleure solution est d'avoir une approche progressive.

Comment y arriver ?

• Au départ, vous pouvez diminuer les quantités indiquées dans les recettes, pour vous habituer à ces nouvelles saveurs.

La nori, la wakamé et surtout la kombou sont riches en acide glutamique qui rehausse la saveur naturelle des aliments mais passeront complètement inaperçues pour elles-mêmes quand elles sont employées à petites doses.

• La cuisine des algues offre autant de possibilités que celle des légumes terrestres. Toutes les cuissons sont possibles. Les combinaisons entre algues, ou avec d'autres ingrédients sont myriades.

• Les algues sont vendues sèches ou fraîches, conservées dans du sel. Il faut les rincer une première fois sous l'eau courante puis les faire tremper 5 à 10 mn dans de l'eau fraîche pour les dessaler ou les réhydrater.

3. Valeurs gustatives et culinaires des algues.

Les algues viennent frapper à notre porte, introduites et consommées par une minorité, étudiées et reconnues par les scientifiques, saurons-nous les adapter à notre cuisine ?

• Les algues séchées sont vendues entières, ou présentées sous forme de paillettes plus ou moins fines à utiliser directement. Les algues dites en branche se réhydratent pendant 2 à 5 minutes pour les dulse, nori, wakamé, aramé, laitue de mer qui ont une lame fine. Vérifiez soigneusement qu'il n'y ait pas quelques petits coquillages ou petits poissons séchés ou grains de sable coincés dans leurs frondes. Pour les kombous, izikis, la côte centrale de la wakamé, l'agar-agar en filament ou en barre, le carragheen, la saccharina, les spaghettis de mer, le trempage peut durer de 5 minutes à 1 h. En se réhydratant toutes ces algues prennent beaucoup de poids et de volume. Vous pouvez ne pas employer l'eau de trempage pour la cuisson afin d'alléger le goût final de la préparation.

• Le stockage se fait à l'abri de la lumière dans des sacs ou boîtes bien fermées pour les algues sèches et au frais pour les algues salées.

Agar - Agar

1 Gelée de jus de fruits

2 Concombres en gélée

3 Poisson en gelée parfumée

4 Gelée de mûres sans sucre

5 Purée de fruits en gelée

6 Bavarois aux fraises

7 Moka aux fruits secs

1. Description générale

L'Agar-Agar tel que vous pouvez le trouver dans les magasins en poudre, en barres, en filaments ou en paillettes, est la transformation de plusieurs algues rouges très riches en substances gélifiantes.

Le pouvoir gélifiant de l'Agar-Agar est sept à huit fois plus fort que celui de la gélatine animale.

Les Agars-Agars industriels, vendus sous forme de poudre sont très utiles pour la gélification de mets très sucrés. Ils représentent 90% de la production mondiale ; il est utilisé dans l'industrie alimentaire, dans l'industrie des peintures, en pharmacie, en cosmétologie, etc.

2. Valeurs nutritives

pour 100 gr	Eau	Calories	Protéines	Glucides	Lipides	Fibres	Minéraux	mg/100 g Calcium	Sodium	Fer	Phosphore
Agar-Agar	16,6 à 20,1	Négli-geable	2,3 à 2,4	74,6 à 76,15	0,1	1,1 à 3	2,9 à 3,85	400	800	5	8 à 9

Les propriétés nutritives majeures du Kanten (ou agar-agar) : sa valeur calorique presque nulle et sa richesse en minéraux dont le calcium et le phosphore. Les kantens remplissent bien l'estomac en apportant très peu de calories, mais une belle moisson de minéraux et de vitamines, ce qui est idéal pour les cures d'amaigrissement, pour lutter contre la constipation. Enfin, ces mucilages et alginates ont la faculté de se lier, ou chélater, avec des métaux lourds, des résidus de pesticides et même des substances radioactives, les rendant insolubles et les entraînant hors du corps par la voie intestinale.

3. Valeurs gustatives, culinaires et mode d'emploi général

L'Agar-Agar ou kanten, dissout dans un litre d'eau sera après gélification comme elle, incolore, inodore et sans saveur ! D'où son utilisation dans les mets sucrés, doux ou salés.

Une barre d'agar-agar (ou 3,5 g de filaments) convient pour obtenir une gelée assez tendre avec un litre de liquide. Il faut rincer l'agar-agar dans de l'eau fraîche puis le presser dans les mains comme une éponge. Mettez-le alors dans un litre du liquide choisi qui ne doit être ni trop salé, ni trop sucré, ni trop épais. Portez à ébullition, pendant 7 à 10 mn ou jusqu'à ce qu'il soit complètement dissout. Versez le tout dans un moule, où le liquide gèlifiera en refroidissant. Pour une confiture, une compote, une purée, l'agar-agar en poudre convient très bien. Mélangez la poudre, 2 g pour un demi litre de liquide et faites bouillir de 5 à 10 mn. L'agar-agar ou kanten est un met rafraîchissant.

Gelée de jus de fruits :

- ❐ **1 litre de jus de pomme**
- ❐ **1 barre 1/4 d'Agar-Agar ou 4 g d'Agar-Agar en poudre**
- ❐ **1 pincée de sel**
- ❐ **1 pincée de cannelle en poudre**

1 Trempez l'agar-agar dans un saladier plein d'eau froide puis pressez-le dans vos mains.

2 Versez le jus de pomme dans une casserole avec le sel, la cannelle et l'agar-agar pressé (ou en poudre).

3 Portez à ébullition et laissez bouillir doucement 10 mn. L'agar-agar sera complètement dissous, invisible.

4 Versez le jus dans un moule en verre ; en refroidissant l'agar-agar va prendre en gelée. Rafraîchissez un peu plus au réfrigérateur, pendant l'été.

* **Variantes : cette gelée est possible avec toutes sortes de jus de fruits ou de légumes ou un mélange de jus.**

Concombres en gelée

- ❒ **1/2 kg de concombres**
- ❒ **10 cm d'algue kombou**
- ❒ **150 g de tofu**
- ❒ **1 branche d'estragon**
- ❒ **sel, poivre, sauce de soja**
- ❒ **1 barre d'agar-agar**

1 Dans un litre d'eau mettez l'algue kombou à tremper 5 minutes.

2 Rincez l'agar-agar à l'eau fraîche, pressez et mettez-le à bouillir 5 minutes avec la kombou.

3 Retirez la kombou et plongez l'estragon dans ce bouillon, ajoutez 1/2 c. à c. de sel et la sauce de soja pour assaisonner. Laissez infuser 10 minutes.

4 Coupez concombres et tofu en cubes de 1 cm de côté environ ajoutez 2 c. à c. de sel fin et mélangez bien. Laissez dégorger 20 mn puis rincer. Séchez délicatement tofu et concombres dans un torchon.

5 Etalez les cubes de tofu et de concombres et les feuilles d'estragon dans un plat. Versez dessus le bouillon encore bien chaud. Laissez refroidir. Servez bien frais.

* **Vous pouvez remplacer l'estragon par d'autres fines herbes ; aneth, basilic, cerfeuil.**

Ce plat est très rafraîchissant et coloré. Pour un effet encore plus décoratif ajoutez aussi des cubes de carottes blanchies à part.

Poisson en gelée parfumée

- ❒ **500 g de filets de cabillaud**
- ❒ **1 bouquet garni (thym, laurier, persil, céleri, 1/2 oignon piqué d'un clou de girofle, sel)**
- ❒ **1 pincée de graines de fenouil**
- ❒ **1 l d'eau + 1 verre de vin blanc sec**
- ❒ **1 barre 1/2 d'agar-agar**
- ❒ **1/2 c. à s. d'arrow root ou maïzena**
- ❒ **5 cm d'algue kombou**

❒ **1 c. à s. d'huile d'olive**
❒ **1 branche d'estragon frais (ou sec)**
❒ **Sauce de soja**

1 Faites pocher les filets de cabillaud dans un court bouillon.

2 Préparez 1 bouillon en mettant :

1 l d'eau, le bouquet garni, les graines de fenouil, l'algue kombou, 2 pincées de sel, le vin blanc. Faites-le bouillir 10 mn puis tamisez-le.

3 Rincez l'agar-agar à l'eau froide, pressez-le puis plongez-le dans ce bouillon et laissez-le se dissoudre en faisant bouillir doucement 10 mn. Ajoutez alors l'estragon et rectifiez l'assaisonnement avec la sauce de soja.

4 Diluez l'arrow-root dans 1/2 verre d'eau froide et versez-le dans le bouillon en remuant jusqu'à épaississement. Ajoutez l'huile d'olive et retirez l'estragon.

5 Dans un moule à gratin vaste versez 1 cm de bouillon et attendez qu'il gèle (environ 1 heure).
Posez par-dessus les filets de poisson et versez le reste de bouillon chaud par-dessus. Laissez geler. Servez décoré avec du persil et des rondelles de citron.

6 Vous pouvez aussi servir dans les bols individuels en roulant chaque filet avant de le faire pocher (le piquer avec 1 cure dent en bois pour le maintenir roulé).

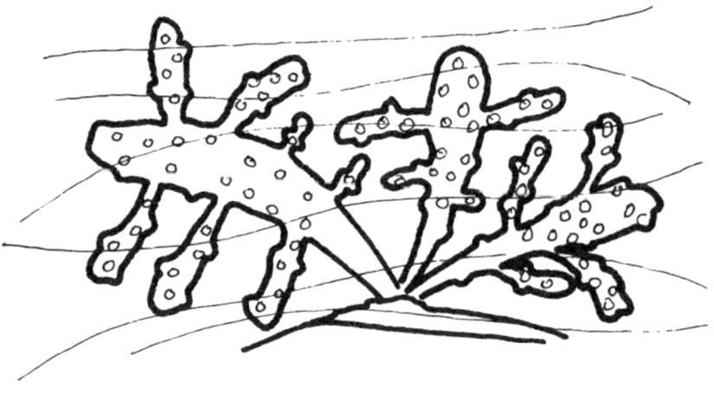

Gelée de mûres sans sucre

- ❒ **3 bols de mûres (ou framboises ou myrtilles, etc...)**
- ❒ **1 bol de raisins secs**
- ❒ **2 bols d'eau**
- ❒ **le zeste d'un 1/2 citron**
- ❒ **1 pincée de sel**
- ❒ **3 barres d'agar-agar**

1 Rincez les raisins secs et mettez-les à cuire avec les mûres et le sel, pendant 30 mn.

2 Ajoutez le zeste et cuisez 5 mn de plus. Puis passez le tout au moulin à légumes avec une grille fine pour éliminer les graines de mûres.

3 Rincez l'agar-agar à l'eau froide, pressez-le. Dans une casserole versez les 2 bols d'eau froide et l'agar-agar. Faites-le dissoudre en portant à ébulition pendant 10 mn.

4 Mélangez sans attendre cette « eau » avec la purée de fruit et de raisins secs encore chaude. Mélangez bien et versez dans un moule ou dans des bocaux que vous pourrez stériliser pour la conservation. La confiture gèlera en refroidissant.

Purée de fruits en gelée

- ❒ **1 melon bien mûr, gros**
- ❒ **3 c. à s. de malt de riz (ou autre sucre)**
- ❒ **2 barres d'agar-agar**
- ❒ **1 bol d'eau**
- ❒ **1 pincée de sel**
- ❒ **1 pincée de vanille en poudre**

1 Dans un mixeur à bol, écrasez toute la chair du melon pour obtenir environ 1 litre de purée.

2 Rincez à l'eau froide l'agar-agar, pressez-le.

3 Versez 1/2 litre d'eau dans une casserole, ajoutez-y l'agar-agar et faites bouillir doucement jusqu'à dissolution complète de ce dernier (environ 10 mn).

4 Ajoutez-y la purée de melon, le malt de riz, la vanille et le sel. Mélangez parfaitement bien.

5 Versez dans un moule en verre et laissez refroidir et geler.

* **Variante : essayez avec d'autres fruits ou des mélanges comme : poires-pruneaux, pêches-abricots, mangues-amandes... remplacez l'eau par des jus de pomme.**

Bavarois aux fraises

- ❒ **1/2 kg de fraises bien mûres**
- ❒ **1/4 l de lait de soja**
- ❒ **4 à 6 c. à s. de malt de riz ou de maïs (ou autre sucre)**
- ❒ **4 c. à s. de flocons de sarrasin instantanés**
- ❒ **2 barres d'agar-agar**
- ❒ **jus d'un demi citron**
- ❒ **1 pincée de zeste de citron**
- ❒ **1 pincée de sel**
- ❒ **1 mixeur à bol**

1 Rincez l'agar-agar à l'eau froide, pressez-le puis mettez-le dans le lait de soja et portez à ébullition pendant 10 mn (dissolution complète de l'agar-agar).

2 Dans un mixeur à bol mettez les fraises, le malt de riz, le sel, le jus de citron, le zeste de citron et mixez jusqu'à obtenir une crème parfaitement lisse.

3 Ajoutez-y progressivement le lait chaud avec l'agar-agar dissout en mixant toujours. Vérifier l'assaisonnement, ajoutez un peu de malt de riz si besoin est. Ajoutez les flocons de sarrasin en battant, à la main, dans un saladier.

4 Versez dans un moule rond qui permettra un démoulage aisé. Démoulez après prise complète de l'agar-agar et décorez avec des demi-fraises posées autour et des rondelles de citron ou de kiwi. C'est bon et quel parfum de fruits frais et naturels ! Mangez avec des biscuits aux amandes fins et croustillants. Parfums possibles : menthe, vanille, café... Autres fruits : framboises, myrtilles, poires, pêches...

* **Variante avec des œufs :**
Prenez 2 œufs, incorporez les 2 jaunes progressivement dans le lait chaud sans les faire bouillir. Battez les blancs très fermement et incorporez-les délicatement à la crème de fruits, ajoutez ensuite petit à petit le lait chaud en mélangeant avec un fouet. Puis laissez prendre et démoulez comme précédemment.

Moka aux fruits secs

- ❐ **1,5 l d'eau**
- ❐ **2 c. à s. de café Yannoh non instantané (ou autre café)**
- ❐ **2 c. à s. de café Yannoh instantané**
- ❐ **1 c. à s. de raisins de Malaga**
- ❐ **2 c. à s. de raisins de Corinthe**
- ❐ **2 c. à s. d'amandes décortiquées**
- ❐ **2 c. à s. de noisettes décortiquées**
- ❐ **2 c. à s. de noix décortiquées**
- ❐ **10 c. à s. de malt de riz ou maïs (ou autre sucre)**
- ❐ **2 c. à s. de rhum**
- ❐ **2 barres d'agar-agar**

1 Rincez les raisins de Corinthe, égouttez-les. Puis coupez en 2 les raisins de Malaga et mettez-les, tous, à tremper avec le rhum.

2 Portez l'eau à ébullition, versez-y le café Yannoh non instantané en remuant bien avec un fouet. Retirez du feu et laissez infuser 10 mn.

3 Ebouillantez 1 mn les amandes pour pouvoir les peler, puis grillez-les au four. Grillez aussi les noisettes et les noix, toujours au four, à feu moyen. Hachez-les en morceaux d'environ un 1/2 cm.

4 Rincez l'agar-agar, pressez-le et plongez-le dans le café que vous aurez préalablement filtré dans un linge fin. Portez à ébullition 10 mn.

5 Ajoutez le Yannoh instantané et le malt de riz ou de maïs.

6 Dans un moule plat (ex. à gratin) disposez les raisins plus le rhum, les fruits secs grillés au fond du plat. Versez dessus le café chaud. Laissez refroidir et geler. Vous pouvez aussi servir dans des ramequins individuels. Décorez et parfumez en posant au fond de chaque ramequin une fine rondelle d'orange.

* **Variante :**

Parfumez le café avec de la vanille ou de la cannelle pour un goût plus “Créole”.

Essayez aussi avec du lait de soja au lieu de l'eau pour un goût plus doux et une consistance plus crémeuse pour éviter que le lait ne tourne, épaississez-le avec de l'arrow-root avant d'y ajouter le malt de riz ou de maïs.

BAVAROIS AUX FRAISES

MAILLE
1789

TRANCHES DE TOFOU OCÉANES

BOULES DE RIZ PANÉES A L'AO-NORI

SALADE FRISÉE AUX ARAMÉS

Ao-Nori

ou Enteromorpha intestinalis, compressa, finissima.

1 Salade aux fines herbes marines

2 Délice aux trois fines herbes

3 Tomates à la provençale

4 Taboulé à l'ao-nori

5 Tranches de tofou océane

6 Boules de riz panées à l'ao-nori

7 Crème de tofou ao-nori

1. Description générale

L'enteromorpha intestinalis ou ao-nori est une algue verte en forme de longs tubes fins, elles poussent en colonies sur les rochers.

La meilleure saison pour la ramasser est le printemps. On la rencontre un peu partout autour du monde.

Dans le commerce, vous la trouverez en très fines paillettes vertes conditionnées en sachets de 50 à 100 g.

2. Qualités nutritives

pour 100 gr	Eau	Protéines	Lipides	Glucides	Fibres	Minéraux
Entero-morpha	3,7	20,7	0,3	61,7	7,2	6,6

La quantité de protéines est très importante, celle des lipides est très faible, les fibres sont abondantes, toujours intéressantes pour stimuler le transit intestinal.

Pour 100 g	A (IU)	B_1 (mg)	B_2 (mg)	Niacine (mg)	C (mg)	B_6 (mg)	B_{12} (µg)	Acide Folique (µ)	Calcium mg	Fer mg
Enteromorpha	500	0,04	0,52	1,0	10	-	1,3	42,9	600	106
Tomate	200	0,08	0,03	0,3	20	0,11	0	28		
Chou	10	0,05	0,05	0,2	44	0,16	0	90	24	
Lait									100	
Sésame									1100	16
œuf							1,0		65	6,3
épinard										3,3
sardines									330	10

3. Qualités gustatives

L'enteromorpha n'est pas visqueuse, sa saveur légère est peu iodée, plutôt douce. Fraîche, hâchée finement, elle se marie très bien à des salades variées, des bouillons de poisson, crustacés ou légumes. Sèche, en paillettes, elle n'a besoin ni de cuire, ni de tremper : une pincée sur une soupe, des crudités, dans une sauce de salade, dans une omelette, une galette, pour paner des boulettes, des tranches de polenta ou du poisson.

Salades aux fines herbes marines

- ❒ **1/4 de salade frisée**
- ❒ **1/2 cœur de céleri branche**
- ❒ **1/4 scarole**
- ❒ **1/2 botte de cresson**
- ❒ **2 c. à s. d'ao-nori**
- ❒ **sel, moutarde, vinaigre, huile**

1 Lavez les différentes salades, puis coupez-les en gros morceaux, coupez le céleri finement.

2 Préparez une sauce vinaigrette avec sel, moutarde, ao-nori, vinaigre et huile.

3 Mélangez la sauce et les salades 15 mn avant de servir.

Délice aux 3 fines herbes

- ❒ **1 c. à s. d'ao-nori**
- ❒ **1 c. à s. de cerfeuil haché**
- ❒ **1 c. à s. de ciboulette hachée**
- ❒ **2 poignées d'oseille**
- ❒ **1 tasse d'orge mondée**
- ❒ **10 tasses d'eau**
- ❒ **1 c. à c. de sel**
- ❒ **huile de sésame**
- ❒ **poivre**

1 Lavez l'orge et mettez-la à cuire avec l'eau et le sel dans une cocotte à pression pendant 1 heure. Vous obtenez une crème très onctueuse.

2 Faites fondre l'oseille dans 1 c. à s. d'huile de sésame. Versez-la dans la crème d'orge, rectifiez l'assaisonnement avec sel et poivre, ajoutez l'ao-nori et laissez mijoter 5 mn de plus.

3 Mettez ciboulette et cerfeuil, servez.

Tomates à la provençale

- ❒ **6 belles tomates**
- ❒ **2 gousses d'ail**
- ❒ **2 c. à s. d'ao-nori**
- ❒ **huile d'olive**
- ❒ **sel, sauce de soja**

1 Coupez les tomates par le milieu.

2 Dans une sauteuse large, versez 1 c. à s. d'huile. Posez les tomates l'une à côté de l'autre et faites-les revenir tout doucement des 2 côtés environ 1/2 heure de chaque. Salez ou ajoutez de la sauce de soja, couvrez et laissez réduire encore 5 mn.

3 Hachez l'ail, mélangez-le avec l'ao-nori. Saupoudrez-en les tomates, laissez encore cuire 5 mn.

* **Très bon pour accompagner du seitan, du sarrasin... De la qualité et du goût des tomates dépendent ceux de votre plat.**

Taboulé à l'ao-nori

- ❒ **300 g de boulghour fin ou moyen**
- ❒ **1 concombre**
- ❒ **2 tomates**
- ❒ **1 botte de persil + 1 botte de menthe**
- ❒ **3 c. à s. d'ao-nori**
- ❒ **3 citrons**
- ❒ **sel**
- ❒ **huile d'olive**

1 Lavez le boulghour à l'eau froide. Faites-le égoutter dans un tamis.

2 Lavez le concombre puis râpez-le assez gros. Ebouillantez les tomates afin de pouvoir les éplucher. Coupez-les en petits morceaux.

3 Pressez les trois citrons.

4 Mélangez le boulghour avec le concombre râpé, les tomates, le jus de citron et 2 c. à c. rases de sel fin.

Laissez macérer en mélangeant de temps en temps pendant 1 à 2 heures.

5 Ajoutez l'ao-nori, le persil, la menthe et l'huile d'olive, mélangez bien.

6 Servez 1/4 heure plus tard cette céréale rafraîchissante, légère et très convenable pour les jours de grande chaleur.

Tranches de tofou océanes

- ❐ **4 tranches de Tofou de 1,5 cm d'épaisseur**
- ❐ **1 œuf**
- ❐ **ao-nori**
- ❐ **sel, sauce de soja, huile de tournesol**

1 Mettez les tranches de tofou à mariner avec 3 c. à s. de sauce de soja pendant 1 h.

2 Battez l'œuf avec du sel et du poivre. Passer les tranches de tofou marinées dedans puis panez-les avec l'ao-nori (mis dans un bol).

3 Dans une poêle, verser 2 c. à s. d'huile de tournesol et faites-la chauffer. Posez délicatement les tranches de tofu panées dans la poêle. Faites griller chaque côté 5 mn à feu moyen. Ne mettez pas le feu trop fort car les algues brûleraient et seraient amères !

Boules de riz panées à l'ao-nori

- ❐ **2 bols de riz complet cuit (pas trop sec)**
- ❐ **2 c. à s. de farine de blé bise**
- ❐ **1/2 tasse d'eau**
- ❐ **Ao-nori**
- ❐ **Huile de friture, sel, sauce de soja**

1 Avec les mains légèrement humides, formez des petites boules de riz.

2 Faites une pâte à beignet avec la farine, l'eau et le sel. Passez-y les boules de riz puis roulez-les dans l'ao-nori.

3 Plongez ces boules panées dans l'huile chaude (180°) pendant 6 à 7 mn. Servez avec un peu de sauce de soja.

Crème de tofou - ao-nori

- ❒ **1 bloc de tofou (env. 250 g)**
- ❒ **2 c. à c. de sel fin**
- ❒ **3 c. à s. de jus de citron (ou 2 c. à c. de pâte d'umébosis)**
- ❒ **1 c. à s. d'huile d'olive**
- ❒ **2 c. à s. de ciboulette ou un oignon nouveau haché**
- ❒ **1 c. à s. d'ao-nori**

1 Ecrasez à la fourchette le tofou et incorporez-y les autres ingrédients. Vous pouvez aussi le passer dans un mixeur à bol pour une consistance plus lisse et crémeuse, plus mayonnaise.

2 Laissez les parfums se mélanger en laissant reposer 1 h avant de servir. Utilisez avec du poisson froid pour remplacer une mayonnaise, avec des fruits de mer, à la place du beurre, comme un accompagnement avec céréales et légumes.

* **Variantes : essayez d'autres parfums : estragon, basilic, ail, noix, dulse, nori.**

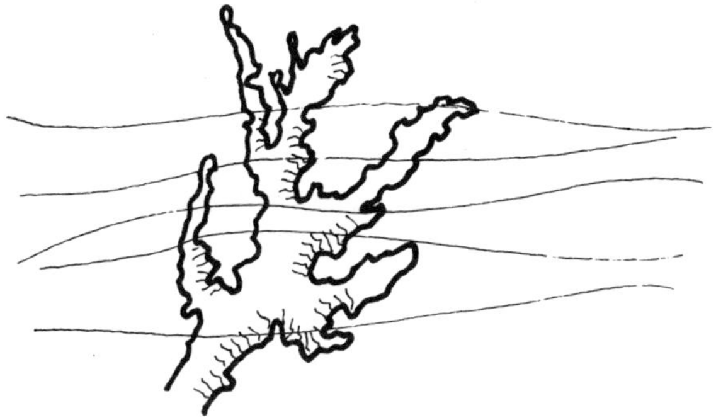

Aramé

ou Eisenia Bicyclis.

1 Cuisson de base des aramés

2 Salade frisée aux aramés et au crabe

3 Pickles d'aramés

4 Velouté aux trois vermicelles

5 Aramé aux fruits secs

6 Aramés-carottes-oignons

7 Roulé aux aramés

8 Beignets de tofou et aramé

9 Croquants aux aramés

1. Présentation générale

L'aramé est une algue à lames plates et ovales de 40 cm de long sur 5 cm de large.

Vous les trouverez, importées du Japon, en sachets de 50 à 100 g. Elle est coupée en très fines lanières, après avoir été rapidement ébouillantée.

2. Qualités nutritives

pour 100 gr	Eau	Protéines	Lipides	Glucides	Fibres	Minéraux
Eisenia bicyclis	19,3	7,5	0,1	50,8	9,8	12,8

Pour 100 g	A (IU)	B_1 (mg)	B_2 (mg)	Niacine (mg)	C (mg)	B_6 (mg)	B_{12} (µg)	Acide Folique (µ)	Calcium mg	Fer mg	Iode mg
Eisenia b.	50	0,02	0,02	2,6	0	-	-	-	1170	12	98 à 564
Chou	10	0,05	0,05	0,2	44	0,16	-	-			
Epinard	2600	0,12	0,3	1,0	100	0,18	-	-	98	3,3	
Pomme	5	0,02	0,03	0,2	5	0,03	-	5			
Sésame									1100	16	
Soja jaune									190	7	
Lait									100	0	
Œufs									65	6,3	0,06
Coquillages											0,29
Poissons											0,07

L'aramé est un aliment très peu calorique mais riche en protéines, en minéraux, en fibres. Les vitamines A, B1, B2, la niacine y sont abondantes. Le calcium y est 10 fois plus important que dans le lait.

3. Qualités gustatives

La saveur très douce des aramés vient du mannitol - sucre alcoolique - qu'elles contiennent. Elles n'ont pas une odeur forte et sont très tendres. Leur cuisson - après un trempage de 1 à 3 mn - dure seulement 15 à 20 mn.

Cuisson de base des aramés

- ❒ **25 g d'aramés**
- ❒ **sel, huile de sésame (ou tournesol)**
- ❒ **sauce de soja (shoyu)**

1 Rincez 2 fois les aramés puis égouttez-les 3 mn, le temps qu'elles absorbent l'eau superficielle.

2 Dans une petite cocotte, versez 1 c. à c. d'huile de sésame. Lorsqu'elle est chaude, posez les algues dessus et faites-les sauter doucement 5 mn. Ajoutez une tasse d'eau et faites mijoter, couvert, 20 mn.

3 Assaisonnez avec 1 à 2 c. à c. de sauce de soja, laissez cuire 10 mn de plus en laissant évaporer tout le jus et en remuant régulièrement afin que toutes les algues soient bien imprégnées de ce jus et suffisamment assaisonnées.

* **Variante : vous pouvez faire sauter les algues sans huile, simplement dans 3 ou 4 c. à s. d'eau et à feu assez vif. Procédez ensuite comme ci-dessus. Les aramés ont une saveur assez douce, ne mettez pas trop de sauce de soja qui couvrirait cette douceur naturelle.**

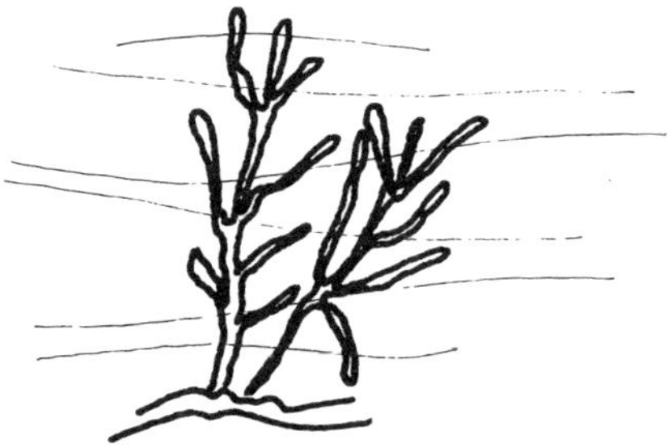

Salade frisée aux aramés et au crabe

- ❒ **1/2 salade frisée**
- ❒ **1 bol d'aramés cuits (recette p. 31)**
- ❒ **Vinaigre de riz ou de cidre**
- ❒ **sel**
- ❒ **1 boîte de crabe (250 g)**
- ❒ **huile d'olive**
- ❒ **2 c. à s. de noix décortiquées**

1 Faites très légèrement griller les noix au four puis coupez-les en morceaux de 2 à 5 mm.

2 Lavez la salade frisée, égouttez-la, coupez-la en morceaux de 2 cm

3 Dans un saladier, placez la salade avec 1/4 de c. à s. de sel, 1/2 c. à s. de vinaigre de riz et 1 c. à s. d'huile d'olive.

4 Ajoutez à la salade les aramés et les noix, le crabe trié et égoutté. Mélangez, servez frais 15 mn plus tard.

* **Variante : vous pouvez remplacer le crabe par des crevettes ou de petits coquillages cuits décortiqués, ou remplacez les noix par d'autres oléagineux : graines de courges légèrement grillées, par exemple.**

Pickles d'aramés

- ❒ **20 g d'aramés**
- ❒ **1/2 carotte coupée en rondelles fines**
- ❒ **1 petit oignon en lamelles fines**
- ❒ **vinaigre de riz (ou de cidre)**
- ❒ **Sauce de soja**
- ❒ **Laurier**

1 Brisez les algues sèches dans vos doigts puis rincez-les 2 fois et laissez-les ressécher. Elles doivent être juste assouplies.

2 Dans un bocal d'environ 1/3 de litre, mettez 1 feuille de laurier, une couche fine d'aramé, quelques rondelles de

carottes et d'oignons, 1 feuille de laurier. Recommencez ainsi jusqu'à épuisement des différents ingrédients en tassant bien dans le bocal.

3 Remplissez le bocal avec 1/3 d'eau, 1/3 de sauce de soja (shoyu ou tamari), 1/3 de vinaigre de riz. Coincez 2 gros morceaux de carotte au-dessus des ingrédients afin que tous soient bien immergés dans le jus pour obtenir une bonne fermentation anaérobie, c'est-à-dire sans air.

4 Laissez fermenter à température ambiante de 7 à 15 jours. Un dépôt blanchâtre se forme au fond du bocal lorsque les pickles sont prêts.

Velouté aux 3 vermicelles

- ❒ **1 belle carotte**
- ❒ **1/2 tasse de vermicelles de blé complet**
- ❒ **1/2 tasse d'aramés cuits**
- ❒ **1,5 l d'eau**
- ❒ **3 c. à s. de fécule : kouzou, arrow-root ou maïzena**
- ❒ **3 c. à s. de ciboulette coupée finement**
- ❒ **1 feuille de laurier**
- ❒ **1 branche de céleri et de persil**
- ❒ **10 cm d'algue kombou**

1 Dans une casserole, versez l'eau froide avec l'algue kombou, le laurier, le céleri, le persil et 2 pincées de sel. Faites frémir 20 mn. Retirez tous les ingrédients.

2 Pendant ce temps, brossez la carotte sous l'eau, coupez-la, sans l'éplucher, en allumette très fines.

3 Plongez dans le bouillon en ébullition les vermicelles de blé et les carottes coupées. Faites-les cuire environ 5 mn (goûtez).

4 Ajoutez les aramés et versez en remuant le kouzou dilué dans 1/2 verre d'eau froide. Tournez jusqu'à épaississement, le liquide redevient transparent mais doit être peu épais.

5 Rectifiez l'assaisonnement avec de la sauce de soja que vous laisserez chauffer sans bouillir 2 mn, puis ajoutez la ciboulette et servez dans des assiettes blanches qui mettront en valeur les couleurs de ce velouté nutritif mais très basses calories.

Aramé aux fruits secs

❒ **25 g d'aramé**
❒ **2 c. à s. de raisins de Corinthe**
❒ **2 c. à s. d'amandes (ou de noisettes ou de noix décortiquées)**
❒ **sel, sauce de soja**

1 Rincez 2 fois les aramés, puis faites tremper 3 mn avec 1 tasse d'eau. Faites égoutter puis coupez les algues en morceaux de 2 cm.

2 Ébouillantez les amandes pour les éplucher. Puis grillez-les à feu moyen (ou les noisettes ou les noix) au four jusqu'à ce qu'elles soient à peine colorées. Coupez-les en 2 ou 3 en diagonal.

3 Rincez les raisins de Corinthe, égouttez-les. Placez dans une cocotte, les algues, les raisins et les amandes, 1 tasse d'eau, 2 pincées de sel et faites cuire couvert à feu moyen 10 mn.

4 Découvrez la cocotte. Ajoutez 1 à 2 c. à c. de sauce de soja et laissez cuire 5 à 10 mn de plus en remuant de temps en temps et en laissant évaporer le reste de liquide.

5 Servez avec quelques brins de persil, de cresson ou quelques côtes tendres de céleri cru ou ébouillanté.

Aramés-carottes-oignons

❒ **25 g d'aramé**
❒ **2 carottes (≈ 150 g)**
❒ **2 oignons (≈ 150 g)**
❒ **sel**
❒ **sauce de soja**

1 Rincez 2 fois les aramés puis laissez-les tremper 3 mn. Egouttez-les et coupez-les en morceaux de 3 cm environ.

2 Coupez les carottes en allumettes, les oignons en lamelles.

3 Posez les algues au fond d'une cocotte, puis par-dessus, les oignons, puis les carottes. Faites des couches bien régulières.

4 Ajoutez l'eau de trempage (≈ 1 tasse), 2 pincées de sel et faites cuire à couvert, à feu moyen, 15 mn. Ne remuez pas pendant la cuisson.

5 Ajoutez 2 c. à c. de sauce de soja (ou 1/2 c. à c. de sel), pour l'assaisonnement, en mélangeant bien les 3 couches et laissant évaporer le reste de liquide.

* **Variante : ce plat coloré de saveur douce, peut aussi être fait en faisant sauter les algues avec très peu d'huile. Il devient ainsi plus réchauffant, de saveur plus forte.**

Roulé aux aramés

- ❒ **25 g d'aramés**
- ❒ **150 g de maïs tendre**
- ❒ **sel, eau de maïs**

Pour la Pâte :

- ❒ **1 tasse de farine de blé bise (250 g)**
- ❒ **1/4 tasse de semoule de blé fine (≈ 50 g)**
- ❒ **4 c. à s. d'huile de tournesol**
- ❒ **sel, eau (≈ 1/2 tasse) fraîche**

1 Faites cuire les aramés comme dans la recette « aramés-carottes-oignons », en remplaçant les légumes par le maïs et en utilisant l'eau des maïs comme eau de cuisson. Séchez bien la préparation.

2 Préparation de la pâte.

   1 Mélangez la farine, la semoule, et 1 pincée de sel. Ajoutez l'huile pour sabler la farine puis l'eau assez froide. Laissez reposer couvert, au frais, pendant 1/2 h.

   2 Partagez la pâte en 2 morceaux, étirez chacun en un rectangle d'environ 20 cm 15 cm, sur 2 mm d'épaisseur.

   3 Etalez les aramés aux maïs en une couche fine en laissant libre 2 cm de chaque côté et 2 cm à la fin. Roulez délicatement, collez en pressant les côtés et la fin du rouleau. Cuisez à four moyen 35 mn sur une plaque huilée.

* **Laissez refroidir avant de couper des tranches colorées que vous pouvez servir sur des feuilles de salade.**

Beignets de tofou et aramé

- ❒ **300 g de tofou (fromage de soja)**
- ❒ **100 g d'aramés cuites**
- ❒ **1/4 botte de persil haché**
- ❒ **farine de blé bise, sel**
- ❒ **graines de sésame blond**
- ❒ **Sauce de soja**
- ❒ **huile de sésame ou autre pour la friture**
- ❒ **Gingembre frais**

1 Coupez le tofou en tranches de 1 cm et faites-le bouillir dans de l'eau légèrement salée pendant 5 mn. Egouttez-le.

2 Ecrasez à la fourchette le tofou encore chaud, ajoutez-y les aramés, du sel, le persil haché et suffisamment de farine de blé pour que la préparation puisse être moulée sous forme de petites saucisses de 2 cm de diamètre sur 5 cm de longueur environ. Roulez chacune d'elle dans les graines de sésame.

3 Faites chauffer suffisamment l'huile de sésame pour pouvoir y plonger les saucisses de tofou-aramé et laissez frire jusqu'à ce qu'elles soient bien dorées. Retirez, égouttez sur un papier absorbant. (Eventuellement passez à four chaud 3 mn pour éliminer plus d'huile).

4 Présentez joliment et servez avec la sauce suivante qui aidera à la digestion des huiles et relèvera le goût de ce met :

1 bol d'eau bouillante

2 c. à s. de sauce de soja

2 c. à s. de jus de gingembre frais râpé

CARRAGHEEN

Mousse d'Irlande ou Condrus Crispus

C'est une algue rouge de 5 à 15 cm de hauteur formée d'un stipe aplati se divisant régulièrement en 2. Les Condrus sont facilement reconnaissables à leur aspect de « petit arbre » à sommet frisé ou crépu.

Il est utilisé comme gélifiant, émulsifiant dans beaucoup de secteurs industriels. Après séchage et blanchiment, il peut être cuisiné pour l'obtention d'un gel ou comme épaississant. Le trempage est de 30 mn et la cuisson de 30 mn à 1 h. Un filtrage dans un tamis est recommandé, pour enlever les parties qui ne se sont pas dissoutes. Il donne aux mets un goût marin léger.

Cabillaud et carragheen

- ❒ **1 collet de cabillaud ou 1 belle tranche**
- ❒ **15 g de carragheen**
- ❒ **1 branche de céleri**
- ❒ **1 carotte**
- ❒ **Shoyu + feuilles de céleri et d'estragon, huile, laurier**

1 Enlevez dans le carragheen toutes les parties dures, puis mettez-le à tremper 30 mn dans 1 litre d'eau fraîche.

2 Portez à ébullition, puis laissez mijoter 40 mn ou plus jusqu'à ce que le carragheen soit dissout. Remuez de temps en temps.

3 Coupez le céleri, l'oignon, la carotte en petits dés et faites-les revenir dans un peu d'huile, ajoutez 1 l d'eau, 1/2 c. à c. de sel, 1 feuille de laurier et faites cuire 15 mn.

4 Ajoutez le poisson et faites-le pocher avec les légumes sans laisser reprendre le bouillon. Lorsqu'il est cuit, retirez-le avec une écumoire afin d'enlever les arêtes et la peau. Remettez-le dans le bouillon avec les légumes.

5 Versez le carragheen dans le bouillon en le filtrant à travers un tamis. Il va rendre la soupe crémeuse. Assaisonnez avec du shoyu et laissez mijoter 5 mn de plus. Ajoutez les feuilles de céleri et d'estragon coupées finement. Appréciez, dans cette préparation, le goût délicatement marin et l'onctueux donné par cette algue.

*** Nota : si vous ajoutez du jus de citron dans cette soupe, elle devient moins épaisse et prend une couleur plus blanche.**

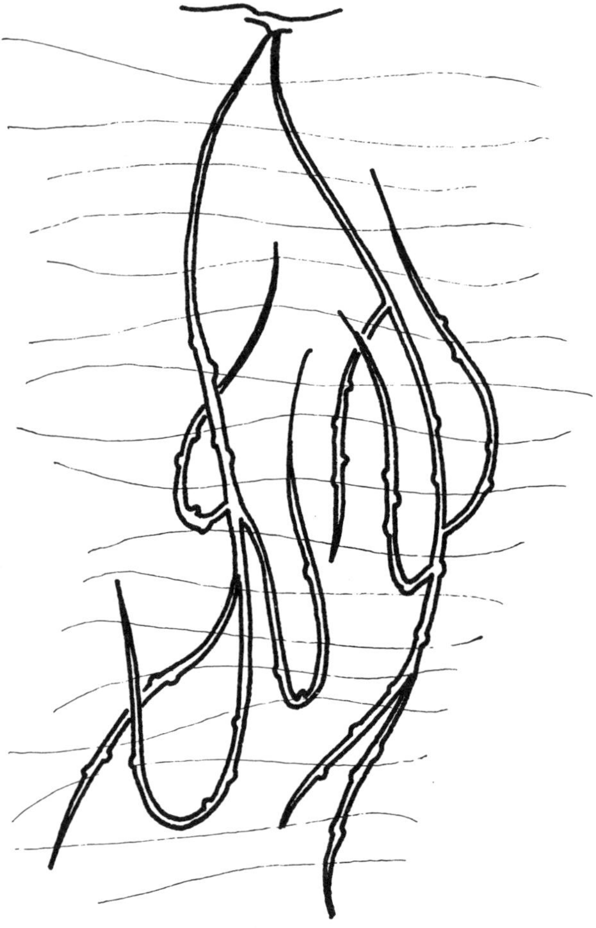

Dulse

Palmeria palmata
ou Rhodymenia palmata

1 Dulse instantanée au persil

2 Carottes rapées aux dulses

3 Salade, dulses et noix grillées

4 Bouillon amincissant aux dulses

5 Lait d'avoine aux dulses

6 Les trois couleurs

7 Omelette dulse-gingembre

1. Description générale

La dulse est une algue rouge-rosé. Elle forme des thalles - pouvant peser, fraîches, plusieurs kilos - composées de nombreuses lames arrondies ou pointues, longues de 25 à 40 cm et larges de 2 à 5 cm. Très abondante sur les côtes de Bretagne, elle se ramasse depuis la fin du printemps jusqu'à l'automne. Vous la trouverez dans le commerce en sachets de 50 à 100 g en branches, c'est-à-dire entière ou en paillettes plus ou moins fines, ou conservées fraîches avec du sel.

2. Qualités nutritives

pour 100 g	Eau	Protéines	Lipides	Glucides	Fibres	Minéraux	Calcium	Fer	Phosphore
Dulse sèche	8 à 15%	12 à 18%	0,5 à 2%	40 à 50%	2,5 à 6%	28 à 35%	mg 567	mg 6,3	mg 2,2
œuf							65		
lait							100		

Le total des minéraux de la dulse (de 28 à 35 %) est vraiment impressionnant ! Sa rare richesse en vitamines A, B6, B12, E et C, en magnésium, potassium, phosphore, fer, iode, en oligo-éléments précieux, son taux de protéines aussi élevé que celui des œufs ou du poulet en font un aliment de santé remarquable, un reminéralisant naturel très équilibré.

3. Qualités gustatives

De saveur douce et corsée à la fois elle se marie bien avec beaucoup d'autres goûts. Faites-la tremper 2 à 3 minutes, enlevez les petits coquillages qui forment parfois des plaques, blanc-gris, sur les lames, ainsi que le pied de l'algue qui est souvent dur. Vous pourrez l'ajouter, crue, à vos salades, sauces, mayonnaises, moutarde, hâchée finement ou en paillettes. En cuisant, son goût devient plus corsé et parfumera poissons, omelettes, pains ou biscuits.

Dulse instantanée au persil

- ❒ **30 g de dulse**
- ❒ **2 c. à s. de persil haché**
- ❒ **1 échalote hachée**
- ❒ **1 c. à c. de sauce de soja**
- ❒ **1 c. à c. de moutarde forte**
- ❒ **1 c. à s. de vinaigre de riz (ou cidre)**

1 Faites tremper les dulses 1 mn dans un bol d'eau fraîche. Egouttez et retirez les parties dures de l'algue. Coupez-la en petits morceaux.

2 Mélangez la sauce de soja, le vinaigre, la moutarde, le persil et l'échalote, ajoutez les dulses. Mélangez bien et servez 15 mn plus tard.

Carottes râpées aux dulses

- ❒ **5 carottes**
- ❒ **5 à 10 g de dulse (ou 2 c. à s. de paillettes de dulse)**
- ❒ **1 c. à s. de persil haché**
- ❒ **le jus d'un citron**
- ❒ **sel, huile d'olive (ou à votre goût), olives**

1 Mettez à tremper les dulses 1 mn dans un bol d'eau fraîche, égouttez, enlevez les parties dures, coupez.

2 Lavez puis rapez les carottes juste avant le repas.

3 Mélangez le jus de citron, 1/2 c. à c. de sel fin, les carottes râpées, les algues.

4 Servez parsemé de persil et d'olives noires de Nice ou de Nyons. Si vous ne mettez pas d'huile, ces carottes seront très rafraîchissantes, légères et conviendront bien pour les jours de grosses chaleurs.

Salade, dulses et noix grillées

- ❒ **10 g de dulse (ou 2 c. à s. de paillettes de dulse)**
- ❒ **1 belle salade verte (laitue, batavia, ...)**
- ❒ **1 petite gousse d'ail**
- ❒ **250 g de noix en coques**
- ❒ **sauce de soja (ou sel), vinaigre, moutarde, huile**

1 Mettez à tremper 1 mn les dulses dans un bol d'eau fraîche. Égouttez et retirez les parties dures. Coupez grossièrement.

2 Dans le four chaud, mettez les noix à griller dans leur coque environ 15 mn. Remuez 1 fois ou 2 pendant ce temps. Cassez-les et décortiquez-les. Coupez-les en morceaux d'environ 5 mm.

3 Lavez la salade, faites-là égoutter, coupez-la en gros morceaux.

4 Dans un saladier, râpez finement la gousse d'ail, ajoutez-y 1 c. à c. de sauce de soja et laissez macérer ainsi 15 mn. Ajoutez alors 1 c. à s. de vinaigre, 1 c. à s.d'huile, 1 c. à c. de moutarde.

5 Mettez dans le saladier la batavia et les dulses, les noix, mélangez bien. Servez sans attendre.

* **Variante : à la place des noix, vous pouvez utiliser des graines de sésame, de tournesol ou de courge grillées.**

Bouillon amincissant aux dulses

- ❒ **1/2 poireau**
- ❒ **1/2 navet**
- ❒ **2 ou 3 champignons shitaké (parfumés)**
- ❒ **1 litre d'eau**
- ❒ **10 g de dulse**
- ❒ **1 c. à s. de miso (pâte salée de soja et orge fermentée)**
- ❒ **Citron non traité après récolte**

1 Lavez le poireau, coupez-le dans le sens de la longueur 2 fois puis en morceaux de 4 cm.

2 Lavez le navet en le brossant, coupez-le en allumettes.

3 Faitres tremper 10 mn les champignons dans 1 bol d'eau tiède. Coupez le bout dur de la queue, puis coupez les champignons en lamelles fines. Gardez l'eau de trempage.

4 Dans une casserole, disposez en couches le poireau, les champignons, le navet ; ajoutez de l'eau (dont celle du trempage des champignons) pour juste couvrir les navets. Portez à ébullition puis laissez cuire 10 mn à feu doux.

5 Pendant ce temps, faites tremper les dulses 1 mn, égouttez-les, enlevez les parties dures.

6 Lorsque les légumes sont cuits, ajoutez l'eau nécessaire au bouillon. Portez à ébullition.

7 Dans un bol de bouillon, diluez le miso, versez-le dans la soupe, ajoutez les dulses déchirées en morceaux, et laissez frémir 3 mn.

8 Servez avec 1 rondelle très fine de citron dans chaque assiette.

Lait d'avoine aux dulses

- ❒ **1/2 l de lait de soja (ou autre)**
- ❒ **10 g de dulse**
- ❒ **1 bol d'oignons blancs coupés en fines lamelles (ou chou blanc)**
- ❒ **8 c. à s. de flocons d'avoine**
- ❒ **sel, noix de muscade**

1 Dans le lait de soja et 1 l d'eau, versez les flocons d'avoine, 1/2 c. à c. de sel fin, 2 pincées de noix de muscade râpée. Portez à ébullition et laissez cuire doucement 20 mn. Tamisez afin d'obtenir une crème fluide.

2 Dans unc autre casserole, faites sauter les oignons à feu vif dans 2 à 3 c. à s. d'eau. Ajoutez 1/2 l d'eau et 1 pincée de sel et faites mijoter 10 mn.

3 Pendant ce temps, faites tremper les dulses 1 mn, enlevez les parties dures, coupez-les dans les 2 sens.

4 Versez le lait d'avoine sur les oignons, ajoutez les dulses. Mélangez et servez en garnissant chaque assiette avec un brin de persil.

Les 3 couleurs

- ❒ **3 beaux poireaux**
- ❒ **250 g de maïs tendre cuit**
- ❒ **15 g de dulse ou 3 c. à s. de paillettes de dulse**
- ❒ **huile de tournesol**
- ❒ **sel**

1 Lavez les poireaux, coupez-les en morceaux de 1 à 2 cm.

2 Faites tremper les dulses 1 mn dans de l'eau fraîche, égouttez-les, coupez-les dans les deux sens finement (ou prenez des paillettes de dulse).

3 Dans une sauteuse, versez 1 c. à s. d'huile, faites-y sauter les poireaux pendant 5 mn, à feu vif, ajoutez le maïs, un peu de sel et 1/4 de verre d'eau. Couvrez et faites cuire à feu vif 5 mn, ajoutez les dulses, remuez 1 mn de plus et servez sans attendre afin que les couleurs restent bien vives.

Omelette dulse-gingembre

- ❒ **6 œufs**
- ❒ **15 g de dulse en branche (ou 3 c. à s. de paillettes)**
- ❒ **2 c. à s. rases de gingembre frais haché**
- ❒ **sel, huile**

1 Mettez les dulses pendant 1 mn dans un bol d'eau fraîche. Egouttez-les, enlevez les parties dures, hachez-les finement.

2 Hachez finement du gingembre pour en obtenir 2 c. à s.

3 Battez les 6 œufs dans un saladier avec du sel, les dulses, le gingembre.

4 Huilez une poêle, faites-y cuire l'omelette à votre goût. Servez sans tarder avec des tranches de pain bis toastés et de la salade.

Iziki

Hizikia fisiforma

1 Cuisson de base des izikis

2 Caviar d'izikis

3 Salade izikis-cresson

4 Salade verte et noire

5 Riz sauté aux izikis

6 Polenta bourrée aux izikis

7 Gratin de tofou-maïs-izikis

8 Tarte aux oignons et izikis

9 Pousses de soja sautées et izikis

1. Description générale

L'iziki est une algue brune importée du Japon, elle est présentée en sachets de 50, 100 g ou 1 kg.

2. Qualités nutritive

pour 100 gr	Eau	Protéines	Lipides	Glucides	Fibres	Minéraux
Iziki	16,8	5,6	0,8	29,8	13	34

L'Iziki contient 34 % de minéraux : quelle corne d'abondance, quelle aubaine, pour tous ceux qui ont besoin de se reminéraliser !

Pour100 g	A (IU)	B_1 (mg)	B_2 (mg)	Niacine (mg)	C (mg)	B_6 (mg)	B_{12} (µg)	Acide Folique (µg)	Calcium mg	Fer mg	Iode mg	Phos-phore mg
Iziki	150	0,01	0,2	4,0	0	0	0,57	21,8	1400	29	40	56
Epinards	2600	0,12	0,3	0,3	100	0,11	0			3,3		
Chou	10	0,05	0,05	0,2	44	0,16	0					
Sésame									1100	16		616
Lait									100	-		93
Sardines									330	10		499
Crustacés									-		0,15	

Notons les taux très élevés de niacine, d'acide folique, de vitamine B12, de calcium, de fer, d'iode et de phosphore.

3. Qualités gustatives

Les izikis introduites dans la cuisine naturelle par l'école macrobiotique sont bien connues du grand public qui en apprécie le goût marin prononcé, mais pas écœurant, la texture ferme, pas du tout glissante. Après un trempage de 5 à 15 mn et une cuisson de base simple, vous pourrez l'intégrer à de nombreux mets dont elle relèvera le goût, la présentation et la valeur nutritive.

ROULÉ AUX ARAMÉS

LES 3 COULEURS

OMELETTE DULSE-GINGEMBRE

POLENTA FOURRÉE AUX IZIKIS

Cuisson de base des izikis

- ❐ **20 g d'izikis**
- ❐ **huile de sésame**
- ❐ **sauce de soja (shoyu)**

1 Rincez les algues une ou deux fois à l'eau fraîche, puis faites-les tremper 5 à 6 mn dans un bol d'eau froide. Egouttez-les. Si les algues sont très longues, coupez-les en morceaux de 2 à 3 cm.

2 Dans une cocotte, faites chauffer 1 c. à s. d'huile de sésame. Faites-y revenir les izikis pendant 5 mn. Ajoutez une tasse d'eau fraîche, portez à ébullition. Couvrez et faites mijoter de 30 à 50 mn selon la grosseur des algues et leur dureté qui peut être très variable.

3 A ce moment rajoutez 1 c. à s. de sauce de soja et laissez cuire 5 mn de plus en faisant évaporer tout le liquide restant et en mélangeant afin que toutes les algues soient bien enrobées de ce jus.

* **Variante : ne faites pas revenir les algues dans l'huile mais dans 3 c. à s. d'eau.**

Caviar d'izikis

- ❐ **20 g d'izikis**
- ❐ **3 citrons**
- ❐ **huile d'olive**
- ❐ **sauce de soja (shoyu)**

1 Rincez les izikis, puis mettez-les à tremper 10 mn recouvertes d'eau. Egouttez-les.

2 Hâchez finement les algues, mettez-les dans un petit saladier et recouvrez-les avec 2/3 de jus de citron, 1/3 d'huile d'olive et 1 c. à c. de tamari. Laissez gonfler 12 à 24 h selon la grosseur et la dureté des izikis en remuant de temps en temps. Mangez comme du « caviar », étalé sur des tranches de pain de mie beurrées, avec des salades ou en condiment.

Salade izikis-cresson

- ❒ **1 tasse d'izikis cuites (recette de base)**
- ❒ **1 botte de cresson**
- ❒ **2 c. à s. de sésame grillé**
- ❒ **1 c. à s. de jus de citron**

1 Lavez le cresson, égouttez-le, coupez-le en morceaux de 2 à 3 cm.

2 Mélangez izikis, cresson, sésame et jus de citron. Servez sans attendre cette salade haute en couleurs et en saveur.

Salade verte et noire

- ❒ **1/2 tasse de cerneaux de noix grillés**
- ❒ **1 salade frisée**
- ❒ **1/2 tasse d'izikis cuite**
- ❒ **1 échalote hachée**
- ❒ **1 c. à c. de pâte d'umébosis (ou jus de citron + sel)**

1 Dans un saladier, diluez la pâte d'umébosis avec 1/4 de verre d'eau, ajoutez-y l'échalote hachée et laissez reposer 15 mn.

2 Pendants ce temps, lavez la salade, égouttez-la puis coupez-la en morceaux de 2 cm.

3 Dans le saladier ajoutez la salade, les izikis, les noix. Mélangez et servez.

Riz sauté aux izikis

- ❒ **1 bol de riz cuit**
- ❒ **1 tasse d'izikis cuites**
- ❒ **1 belle carotte**
- ❒ **1 beau poireau**
- ❒ **200 g de thon cuit (ou 1 boîte)**
- ❒ **Huile de tournesol**
- ❒ **Sel, gingembre frais**

1 Coupez la carotte en allumettes fines, coupez le poireau dans la longueur puis en lanières fines en diagonale.

2 Dans une sauteuse, versez 1 c. à c. d'huile de tournesol et faites-y revenir la carotte 3 mn puis le poireau 3 mn. Retirez-le et réservez.

3 Dans la même sauteuse, versez 1 c. à s. d'huile, ajoutez-y le riz cuit et faites-le revenir 5 mn.

4 Incorporez alors, la carotte, le poireau, les algues et le thon émietté. Mélangez bien, rectifiez l'assaisonnement avec du sel et du gingembre frais râpé.

5 Ajoutez 1/4 de verre d'eau, couvrez tout en laissant le feu assez vif afin que cette eau, en s'évaporant, réchauffe tout le plat. Servez sans attendre ; un accompagnement de salade verte ou de légumes ébouillantés équilibre bien ce plat très fortifiant.

Polenta fourrée aux izikis

- ❒ **300 g de polenta (1 bol)**
- ❒ **3 à 4 bols d'eau**
- ❒ **1 c. à s. de sel**
- ❒ **1 bol d'izikis cuites**
- ❒ **1 tasse de graines de sésame grillées**

1 Préparez la polenta en la versant dans l'eau salée bouillante, en tournant avec 1 fouet. Laissez-la cuire 35 à 40 mn à feu moyen avec un diffuseur de chaleur et en remuant toutes les 5 à 7 mn.

2 Lorsque la polenta est cuite, huilez un moule à gratin. Versez-y une couche de polenta d'environ 1 cm. Etalez par dessus 1 belle couche d'izikis en les enfonçant un peu dans la polenta. Rajoutez une couche de polenta de 1 cm puis une couche d'izikis puis, de nouveau, une couche de polenta. Saupoudrez abondamment de graines de sésame en les enfonçant dans la polenta avec une spatule afin qu'elles ne tombent pas.

3 Laissez refroidir 8 à 10 h. Coupez en tranches que vous pourrez servir froides, ou faire griller d'un seul côté à la poêle ou réchauffer à la vapeur.

Gratin de tofou - maïs - izikis

- ❒ **300 g de tofou frais**
- ❒ **1 tasse d'izikis cuites**
- ❒ **300 g de maïs tendre cuit, et son eau de cuisson (1 tasse)**
- ❒ **Sel, noix de muscade**
- ❒ **3 à 4 c. à s. de farine de blé bise**
- ❒ **un peu de sésame**
- ❒ **fromage râpé (optionnel)**

1 Passez le tofou dans un mixeur à bol avec l'eau de cuisson du maïs, la farine, pour obtenir une pâte épaisse mais coulante. Versez-la dans un saladier.

2 Ajoutez le maïs tendre en grains, les izikis, mélangez et assaisonnez avec du sel et un peu de noix de muscade râpée. Incorporez environ 100 g de fromage râpé si vous le désirez.

3 Huilez un moule à gratin et versez-y le mélange, saupoudrez avec un peu de sésame. Faites cuire à four moyen 20 à 30 mn selon l'épaisseur du gratin. Passez un peu sous le grill pour faire bien dorer le dessus. Servez chaud ou tiède. Très joli dans des ramequins indiduels.

Tarte aux oignons et izikis

- ❒ **4 beaux oignons**
- ❒ **1 tasse d'izikis déjà cuites**
- ❒ **1 tasse de farine bise**
- ❒ **1/4 de tasse de semoule de blé**
- ❒ **Huile de sésame**
- ❒ **Sel, sauce de soja (shoyu), thym**

1 Pour préparer la pâte à tarte : mélanger la farine, la semoule et 1 pincée de sel, sablez avec 4 c. à s. d'huile de sésame, ajoutez de l'eau fraîche pour obtenir une pâte souple et laissez reposer 1/2 heure (pétrissez-la aussi peu que possible).

2 Coupez les oignons en lamelles fines, puis faites-les bien dorer dans une cocotte avec 1 c. à s. d'huile de sésame, ajoutez une pincée de feuilles de thym. Assaisonnez avec sel et sauce de soja, ajoutez 1/4 de tasse d'eau et

faites cuire doucement 15 à 20 mn, toute l'eau et le jus doivent être évaporés en fin de cuisson.

3 Mélangez les oignons et les izikis. Etalez la pâte et disposez-la dans un moule à tarte huilé. Répandez dessus le mélange oignons-izikis et passez à four moyen environ 20 mn, jusqu'à ce que la pâte soit dorée. Servez chaud ou froid.

Pousses de soja sautées et izikis

- ❒ **200 g de pousses de soja**
- ❒ **1 belle carotte**
- ❒ **1/2 tasse d'izikis cuites**
- ❒ **1 poireau ou du persil**
- ❒ **Huile, sauce de soja (shoyu)**

1 Lavez la carotte puis coupez-la en allumettes bien fines. Lavez le poireau puis coupez-le en lanières très fines en diagonale (ou hachez le persil : 3 c. à s.).

2 Dans une grande sauteuse, versez 1 c. à s. d'huile de sésame ou de maïs. Lorsqu'elle est bien chaude, faites-y sauter très vivement les carottes 3 mn puis le poireau 3 mn.

3 Ajoutez alors, toujours en remuant bien, les pousses de soja et les algues. Faites revenir 3 mn de plus, ajoutez 1/4 de verre d'eau, 1 c. à c. de sauce de soja, mélangez, couvrez 3 mn et servez immédiatement ce plat croquant et coloré, plein de vitamines et de minéraux.

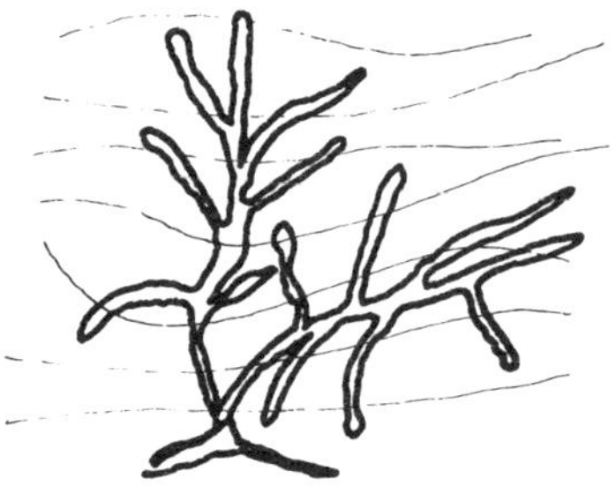

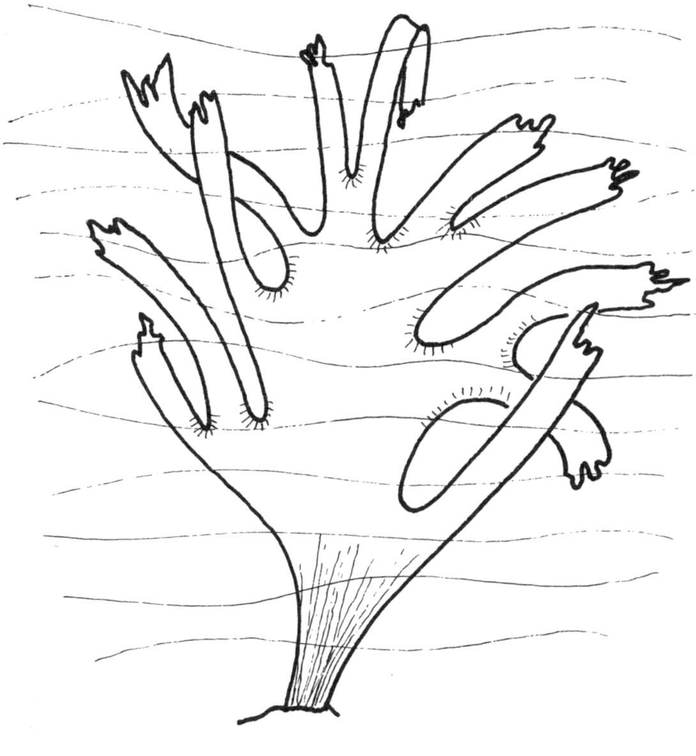

La Kombou

Laminaria digitata
Laminaria japonica
Laminaria saccharina

1 Cornichons à la russe au kombou

2 Bouillons au kombou

3 Velouté de pois cassés et kombou

4 Soupe 5 trésors

5 Légumes roulés dans les laminaires

6 Casserole orge-morue-laminaires

7 Beignets de laminaires

8 Salade de maïs et saccharina

9 Chou et saccharina au cumin

1. Description générale

Les laminaires sont une vaste famille d'algues brunes, longues et plates comme des rubans plus ou moins larges.

- la laminaria japonica ne pousse qu'au Japon
- la laminaria digitata est récoltée en Bretagne. A l'abri de la lumière, elle se conserve sèche de longues années sans perdre ses qualités.
- la laminaria saccharina préfère les zones plus abritées que la digitata.

2. Qualités nutritives

Les valeurs données sont une moyenne entre différentes variétés de laminaires.

pour 100 g	Eau	Protéines	Lipides	Glucides	Fibres	Minéraux
Laminaria	18,0	6,7	1,6	49,1	5,4	19,2

Vitamines et minéraux	A (IU)	B_1 (mg)	B_2 (mg)	Niacine (mg)	C (mg)	B_6 (mg)	B_{12} (µg)	Acide Foliqué (µg)	Calcium mg	Fer mg	Iode mg	Phosphore mg
Laminaria	430	0,08	0,32	1,8	11	0,27	0,3	-	800	15	193 à 471	150
Epinards	2600	0,12	0,3	1,0	100	0,18	0	140	126	3,3		51
Pomme	5	0,02	0,03	0,2	5	0,03	0	5	7	6,3		10
Chou	10	0,05	0,05	0,2	44	0,16	0	90	179	2,2		73
Lait									100	-		93
Sésame									1100	16		610
Sardines									330	10		499
Poisson									-		0,07	909
Coquillage									-		0,29	

Huit fois plus de calcium que le lait, cinq fois plus de fer que les épinards, une teneur en iode qu'il faut savoir employer à bon escient. Du phosphore, du brome, du zinc, des oligo-éléments, des vitamines confirment le rôle des laminaires comme un véritable complément alimentaire pour les cas de déminéralisation, de carences en vitamines ou oligo-éléments. Les laminaires sont aussi riches en acide alginique. Le glutamate monosodique, agent de sapidité donne à cette famille d'algues la propriété de rehausser le goût des aliments avec lesquels elle cuit.

3. Qualités gustatives

Les laminaires ont le goût marin le moins prononcé. Petit à petit, vous commencerez à apprécier sa texture épaisse et charnue, et sa saveur raffinée proche de celle des huitres cuites.

Cornichons à la russe au kombou

- ❒ **1 kg de gros cornichons**
- ❒ **2 branches de persil**
- ❒ **1 à 2 gousses d'ail**
- ❒ **20 cm d'algue kombou**
- ❒ **1 c. à c. de graines de coriandre, de carvi, de fenouil et de moutarde**
- ❒ **1 branche d'estragon (ou sec)**
- ❒ **1 grand bocal (2 à 3 l), sel, eau**

1 Lavez et brossez les cornichons. Epluchez les gousses d'ail, coupez-les en 4.

2 Dans le bocal, introduisez tous les ingrédients en les tassant bien, mais sans abimer les cornichons.

3 Mettez à bouillir 2 litres d'eau avec 60 g de sel et versez-la bouillante dans le bocal. Tous les cornichons doivent être recouverts d'eau. Éventuellement coincez-en un gros en haut pour éviter qu'ils ne remontent pendant la fermentation. Fermez le couvercle hermétiquement.

4 Laissez fermenter 2 à 3 semaines jusqu'à ce qu'un dépôt blanchâtre se forme au fond du bocal. Ensuite gardez au réfrigérateur pour stopper la fermentation.

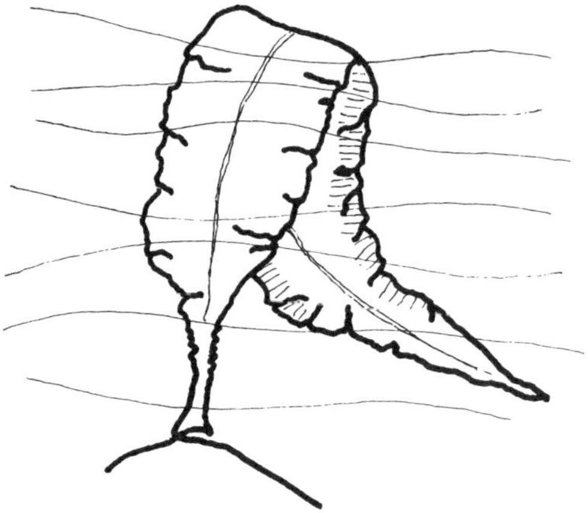

Bouillons au kombou

Ces bouillons peuvent être utilisés sans cesse dans la cuisine : pour cuire des céréales, des légumes secs, des soupes, des sauces, etc... auquel il donne une saveur particulière bien que pas trop forte. De plus le glutamate naturel de l'algue kombou rehausse la saveur propre des aliments cuits avec celle-ci.

N° 1 :
- environ 10 cm^2 de kombou
- 1,5 l d'eau

1 Mettez le kombou dans l'eau froide. Laissez tremper 10 mn. Portez à ébullition à feu doux. Arrêtez le feu. Laissez reposer 5 à 10 mn. Retirez l'algue.

N° 2 :
- environ 10 cm^2 de kombou
- 1,5 l d'eau froide
- 1 bouquet garni (céleri, persil, 1/4 de carotte, 1/2 oignon, thym, laurier).

1 Faites tremper le kombou 15 mn dans l'eau fraîche.

3 Mettez les autres ingrédients dans l'eau, portez à ébullition doucement et maintenez un bouillon très doux pendant 15 mn. Retirez les ingrédients.

Exemple : utilisez un de ces 2 bouillons, pour un consommé instantané :

- Assaisonnez le bouillon choisi avec de la sauce de soja et servez avec persil et échalotes hachées, quelques crevettes décortiquées...

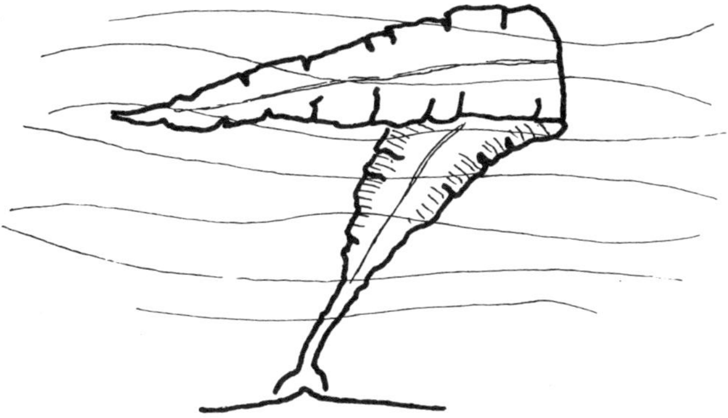

Velouté de pois cassés et kombou

❒ **200 g de pois cassés**
❒ **1 carotte**
❒ **1 poireau**
❒ **1 topinambour (ou navet)**
❒ **céleri rave (env. 50 g)**
❒ **laurier, clou de girofle**
❒ **15 cm de kombou**
❒ **1 petit oignon**
❒ **sel**

1 Lavez les légumes puis coupez-les en gros morceaux.
2 Dans un fait-tout, disposez en couches le kombou, le laurier, le clou de girofle piqué dans un petit oignon, le poireau, le topinambour, la carotte puis les pois cassés.
3 Ajoutez juste assez d'eau pour couvrir ces derniers. Faites cuire à feu doux en ajoutant progressivement de l'eau fraîche afin que les pois cassés soient toujours couverts d'eau.
4 Lorsque les pois cassés sont complètement réduits en purée, ajoutez assez d'eau afin que la soupe ait l'épaisscur que vous désirez. Assaisonnez avec du sel, laissez mijoter 15 mn de plus. Sortcz le kombou pour le couper en petits carrés que vous remettrez dans ce velouté réchauffant.

Variantes : essayez d'autres légumes, ou remplacez la kombou par de la saccharina ou des côtes de wakamé. A la place des pois cassés, essayez des lentilles.

Saccharina : autre variété de laminaire très douce.

Wakamé : autre algue, voir le chapitre correspondant.

Soupe 5 trésors

- ❒ **12 belles crevettes roses**
- ❒ **6 beaux champignons de Paris (ou shitaké)**
- ❒ **15 cm de kombou**
- ❒ **400 g de tofou**
- ❒ **1 bouquet garni**
- ❒ **sauce de soja (shoyu)**
- ❒ **1 citron vert**
- ❒ **1 botte d'oignons nouveaux**
- ❒ **huile de sésame ou de maïs**

1 Décortiquez les crevettes mais en gardant la queue attachée au corps de celles-ci. Réservez les têtes et autres peaux.

2 Préparez un bouillon avec 1,5 l d'eau froide, les têtes et autres restes de crevettes, l'algue kombou, le bouquet garni et 1 c. à s. de shoyu. Portez à ébullition tout doucement et faites mijoter à feu très doux 25 mn. Filtrez.

3 Prenez la kombou, coupez-la en fines lanières, faites-les revenir 5 mn avec très peu d'huile de sésame, ajoutez 1/2 verre d'eau, 1 c. à c. de shoyu, laissez cuire, couvert, à petit feu 20 mn puis laissez évaporer tout le reste du liquide en remuant bien les algues.

4 Lavez les champignons de Paris, coupez-les en 2. Faites-les dorer avec très peu d'huile, ajoutez sel et poivre, couvrez et faites-les cuire dans leur jus 10 mn.

5 Faites pocher 3 mn le tofu, coupé en beaux triangles de 5 cm de côté, dans de l'eau bouillante salée. Egouttez-les.

6 Coupez 6 tranches très fines dans le citron vert. Coupez le vert d'oignon en morceaux de 2 cm.

7 Disposez dans chaque assiette : 2 crevettes, 1 champignon, 2 triangles de tofou, un peu de kombou sautée, une tranche de citron et une pincée d'oignons verts.

8 Rectifiez l'assaisonnement du bouillon avec du shoyu, portez-le à ébullition et versez-le délicatement dans chaque assiette. Servez immédiatement.

Variante : vous pouvez augmenter et varier le nombre d'ingrédients : vermicelles chinois transparents, mochi grillé, boulettes de tofou, de poisson, menthe.

Légumes roulés dans des laminaires

- ❒ **1 carotte longue, bien droite**
- ❒ **1 navet long**
- ❒ **1 salsifis**
- ❒ **1 poireau**
- ❒ **7 kombous de 10 cm sur 5 cm**
- ❒ **gingembre frais**
- ❒ **sauce de soja**
- ❒ **malt d'orge ou autre édulcorant**
- ❒ **cures dents**

1 Mettez les kombous à cuire pendant 25 mn dans 1 litre d'eau avec 1 c. à s. de sauce de soja.

2 Coupez les légumes en cylindres aussi réguliers que possible de 3 cm de long. Il en faudra 14 morceaux.

3 Lorsque les kombous sont tendres, coupez-les dans le sens de la longueur, puis roulez chaque morceau de légume dans une kombou d'environ 10 cm sur 2,5 cm. Attachez-la en y piquant un cure dent.

4 Dans une grande sauteuse rangez tous les légumes roulés dans les kombous. Ajoutez alors une tasse de l'eau de cuisson des kombous (pas toute car elle est trop forte et concentrée) et un peu plus d'eau fraîche pour arriver à la moitié de la hauteur des légumes. Ajoutez une pincée de sel, faites mijoter 25 à 30 mn. Retournez les rouleaux une fois au milieu de la cuisson.

5 Cinq minutes avant la fin, râpez du gingembre frais, pressez-le dans un linge fin pour obtenir 1 c. à s. de jus que vous verserez sur les légumes avec 1 à 2 c. à s. de malt d'orge dilué dans un peu d'eau chaude. Remuez bien et laissez évaporer l'eau afin que tous les morceaux de légumes et d'algues soient bien glacés.

6 Au lieu d'enrouler chaque morceau de légume dans une bande de kombou large, vous pouvez y nouer comme un fin ruban (environ 1 cm) de kombou. Dans les deux cas, la présentation est très belle et convient pour des buffets et repas de fête.

7 Beaucoup de légumes qui restent fermes après cuisson peuvent être ainsi utilisés, de même que des protéines végétales comme le tofou frais ou sec, le tempeh et le seitan.

Casserole orge - morue - laminaire

- ❒ **1/3 de tasse de riz**
- ❒ **3/4 de tasse d'orge mondée**
- ❒ **350 g de morue salée**
- ❒ **3 pommes de terre**
- ❒ **1 oignon**
- ❒ **1 carotte**
- ❒ **10 cm de kombou**
- ❒ **3 gousses d'ail**
- ❒ **3 feuilles de laurier**
- ❒ **huile d'olive**
- ❒ **thym**

1 Faites cuire le riz avec l'orge mondée avec une tasse et demi d'eau, une pincée de sel pendant 45 mn dans une cocotte à pression.

2 La veille, mettez à tremper la morue dans une bassine d'eau fraîche. Faites-la pocher dans un bouillon parfumé avec un bouquet garni. Emiettez-la avant qu'elle n'ait complètement refroidi.

3 Faites tremper l'algue 20 mn dans un bol d'eau fraîche.

4 Dans une cocotte (en fonte), versez 1 c. à c. d'huile d'olive, disposez par-dessus tout l'oignon coupé en lamelles, les feuilles de laurier puis une couche fine de riz-orge puis une couche de rondelles de pommes de terre, une fine couche de morue émiettée, quelques rondelles d'ail, de carotte, un peu de thym, de l'huile et des carrés de kombou. Recommencez jusqu'à épuisement des différents ingrédients.

5 Versez de l'eau, dont l'eau de trempage de la kombou, sur le côté, sans défaire les couches que vous venez d'arranger, jusqu'au niveau supérieur de la préparation. Faites mijoter, couvert, avec un diffuseur de chaleur pendant 1 h, l'eau sera presque complètement absorbée.

6 Vous pouvez aussi faire ce plat en gratin, mettez un peu plus d'eau car l'évaporation est plus importante dans le four. Servez une grosse salade verte pour accompagner ce plat très réchauffant et équilibré.

Beignets de laminaires

- ❐ **20 morceaux de kombou de 7 cm sur 12**
- ❐ **huile de sésame ou de maïs pour la friture**
- ❐ **4 c. à s. de farine de blé bise**
- ❐ **1 c. à s. de fécule d'arrow-root ou de la maïzena**
- ❐ **1/2 bol d'eau**
- ❐ **sauce de soja**
- ❐ **radis rouge ou radis noir**
- ❐ **graines de sésame**

1 Préparez la pâte à beignets avec la farine de blé, la fécule d'arrow-root qui rend la pâte croustillante, l'eau et une pincée de sel. La pâte ne doit pas être trop épaisse (on peut la parfumer avec du curry).

2 Mettez à tremper les morceaux de kombou dans 1 l d'eau pendant 30 mn. Egouttez-les et essuyez-les avec un torchon.

3 Trempez chaque morceau de kombou dans la pâte à beignets puis dans les graines de sésame et plongez-les dans l'huile de friture chaude pendant 2 à 3 mn. Servez sur un papier absorbant. Consommez immédiatement pour ne pas perdre le croquant du beignet en saupoudrant avec très peu de sel fin ou en trempant dans une sauce faite d'un petit bol d'eau bouillante, 1 c. à s. de radis noir râpé et 1 c. à s. de shoyu.

Salade de maïs et saccharina

- ❐ **1 petit bol de maïs doux cuit**
- ❐ **10 petits champignons de Paris coupés en 4**
- ❐ **10 cm de saccharina**
- ❐ **sauce de soja**
- ❐ **1 poivron vert coupé en carré de 1 cm**
- ❐ **vinaigre de cidre (ou umébosis), huile de tournesol**
- ❐ **huile d'olive, sel**

1 Mettez à bouillir la saccharina 15 mn dans 1 l d'eau avec 1 c. à s. de sauce de soja. Puis coupez-la en carrés de 1 cm de côté environ.

2 Dans une poêle avec très peu d'huile de tournesol, faites revenir 5 mn la saccharina. Ajoutez 1 c. à c. de sauce de soja, 2 c. à s. d'eau et laissez évaporer en remuant.

3 Ebouillantez 2 mn les champigons de Paris puis 2 mn le poivron vert.

4 Dans un saladier, mélangez 1 c. à c. de vinaigre, du sel et 2 c. à c. d'huile d'olive avec tous les autres ingrédients. Servez frais.

Chou et saccharina au cumin

❐ **1/2 chou de Milan vert**
❐ **20 cm de saccharina**
❐ **2 oignons**
❐ **4 pommes de terre**
❐ **1 c. à c. de cumin en grains**
❐ **huile de tournesol**
❐ **sel, sauce de soja**

1 Pré-cuisson de la sacccharina : mettez l'algue à tremper dans 1 litre d'eau fraîche 10 mn. Sortez-la pour la couper en carrés de 2 cm de côté. Dans l'eau de trempage, ajoutez 2 c. à c. de sauce de soja, remettez-y la saccharina coupée et faites-la mijoter 15 mn. Egouttez l'algue, réservez l'eau de cuisson.

2 Coupez un oignon en fines lamelles et faites-le blondir dans 1 cocotte avec 1 c. à s. d'huile. Ajoutez-y le chou coupé en morceaux de 3 sur 3 cm et le cumin. Faites revenir jusqu'à ce que le chou soit assoupli.

3 Coupez les pommes de terre en demi rondelles, mettez-les avec le chou, salez légèrement, ajoutez 1 verre du jus de cuisson des algues. Couvrez et laissez mijoter 1 heure.

4 Rectifiez l'assaisonnement avec de la sauce de soja 5 mn avant la fin. Les légumes doivent être très tendres et parfumés.

Variantes : incorporez à ce plat une protéine végétale ou animale de votre choix (tofou, poisson, poulet...) ; ou adoucissez-la avec raisins secs ou quartiers de pommes.

La Laitue de mer

Ulva lactuca

1 Laitue de mer et radis en salade

2 Salades vertes et fruits secs

3 Crème de laitue de mer aux croûtons

4 Choucroute - laitue de mer et harengs

5 Crudités et laitue de mer acidulées

6 Tofou à la laitue fraîche

7 Moules marinières aux algues

8 Poisson et algues en papillotte

1. Description générale

Comme son nom l'indique, cette algue ressemble à une salade, bien verte. Elle aime les endroits plutôt abrités. Elle est répandue sur toutes les côtes du globe et utilisée par beaucoup de peuples.

A stocker, après séchage, dans des sacs bien fermés et gardés à l'abri de la lumière.

2. Valeurs nutritives

Sa richesse en minéraux et vitamines stimuleront la vision, le système immunitaire, la production d'hormones sexuelles et d'ADN.

pour 100 g	Eau	Protéines	Lipides	Glucides	Fibres	Minéraux
Ulva lactuca	15,2	23,8	0,6	42,1	4,6	13,7

Vitamines et minéraux	A (IU)	B_1 (mg)	B_2 (mg)	Niacine (mg)	C (mg)	B_6 (mg)	B_{12} (µg)	Acide Folique (µg)	Calcium mg	Fer mg
Ulva l.	960	0,06	0,03	8,0	10	-	6,3	11,8	730	87
Epinards	2600	0,12	0,3	0,2	100	0,18	0	28	126	3,3
Pomme	5	0,02	0,03	0,2	5	0,03	0	5	7	0,3
Chou	10	0,05	0,05	0,2	44	0,16	0	90	179	2,2
Sésame									1100	16
Sardines									300	10
Lait									100	-
Bœuf									10	1,6

3. Qualités gustatives

Sèche la laitue de mer est assez dure, il faut donc soit la hacher très finement, soit la cuire une vingtaine de minutes. Le trempage de la laitue en branches pendant 4 à 5 mn se fait dans une bassine pleine d'eau, afin de faire tomber le sable qui peut y être coincé. Fraîche, salée, elle est plus tendre, rinçage et dessalage dans 2 ou 3 eaux et cuisson de 10 mn. Vous la trouverez, en branches ou en paillettes, en sachets de 50 à 100 g. Elle se marie bien avec les poissons, la choucroute, les salades.

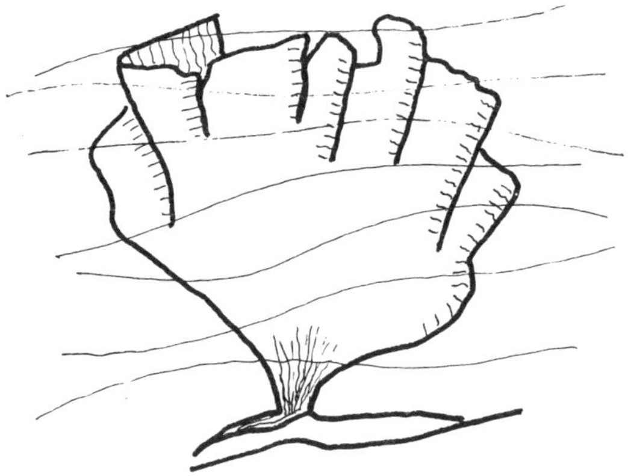

Laitue de mer et radis en salade

- ❒ **10 g de laitue de mer (ou 20 g de laitue au sel)**
- ❒ **1 botte de radis**
- ❒ **2 c. à s. de persil haché**
- ❒ **1 c. à s. de cerfeuil haché**
- ❒ **1 c. à s. de jus de citron**
- ❒ **1 c. à c. rase de sel fin**
- ❒ **2 c. à c. d'huile d'olive ou autre huile**

1 Lavez la botte de radis, coupez les fanes (gardez-les pour une soupe ou autre). Coupez les radis en rondelles fines.

2 Plongez la laitue de mer dans un saladier plein d'eau pendant 1 mn. Faites tremper une deuxième fois 5 mn pour la laitue de mer au sel. Remuez-la bien pour éliminer le sable et sortez-la ; pressez-la puis coupez-la finement dans les deux sens.

3 Mélangez radis et laitue de mer avec le persil, le cerfeuil, le jus de citron et le sel. Tassez un peu tous les ingrédients et laissez reposer 2 h.

4 Ajoutez l'huile, mélangez et servez.

Salades vertes et fruits secs

- ❒ **1/2 scarole**
- ❒ **10 g de laitue de mer (ou laitue de mer au sel)**
- ❒ **1 c. à c. d'huile de maïs**
- ❒ **1 c. à c. de moutarde à l'ancienne**
- ❒ **1 c. à s. de noisettes, d'amandes et de raisins de corinthe**
- ❒ **1 c. à s. de vinaigre de riz ou de cidre**

1 Lavez puis égouttez la scarole. Coupez-la en bandes de 1 cm sur 2 environ. Mettez les raisins secs à tremper dans 1/2 verre d'eau.

2 Mettez la laitue de mer à tremper 2 mn dans un grand saladier plein d'eau, remuez-la bien avant de la sortir de l'eau pour faire tomber quelques petits grains de sable ou de petits coquillages et même des petits poissons.

Pressez-la dans les mains puis coupez-la en carrés de 1 cm de côté environ.

3 Faites griller à feu assez doux les noisettes, les amandes.

4 Dans un saladier, préparez une sauce avec le vinaigre, le sel, la moutarde et l'huile. Ajoutez par-dessus la scarole, la laitue de mer, les raisins, mélangez, servez 1/4 h plus tard en ajoutant au dernier moment les noisettes et les amandes grossièrement hachées. Salades croquantes à bien mâcher pour découvrir l'ensemble des saveurs.

N.B. : pour la laitue au sel rincez 2 ou 3 fois ou jusqu'à ce que l'algue ne soit plus salée.

Crème de laitue de mer aux croûtons

- ❒ **3 c. à s. de laitue de mer en paillettes**
- ❒ **1 bol de riz déjà cuit**
- ❒ **1 petit oignon**
- ❒ **3 carottes**
- ❒ **1/2 bol de pain complet coupé en cubes**

- ❐ **graines de fenouil**
- ❐ **huile, sel, poivre**

1. Dans une casserole, mettez le riz, 1 pincée de graines de fenouil, l'oignon coupé en lamelles, la carotte en rondelles, du sel et 1,5 l d'eau. Portez à ébullition, puis laissez mijoter 25 à 30 mn. Passez au moulin à légumes. Vous obtenez une crème à la carotte onctueuse.
2. Pendant la cuisson de cette crème faites frire les croûtons de pain.
3. Versez les paillettes de laitue de mer dans la crème de carottes, rectifiez l'assaisonnement avec sel, poivre et laissez frémir 5 mn. Servez avec les croûtons de pain frits.

Choucroute laitue de mer et harengs

- ❐ **2 bols de choucroute fraîche**
- ❐ **25 g de laitue de mer**
- ❐ **1 bel oignon**
- ❐ **300 g de pommes de terre**
- ❐ **6 filets de harengs fumés coupés en 2**
- ❐ **huile de tournesol**

1. Coupez l'oignon puis faites-le blondir, avec 1 c. à c. d'huile, dans une cocotte en fonte.
2. Faites tremper la laitue de mer, dans un saladier plein d'eau, pendant 2 mn. Egouttez-la puis coupez-la en morceaux.
3. Ajoutez par-dessus les oignons, une couche de pommes de terre en rondelles, 3 morceaux de hareng, une couche de choucroute, un peu de laitue de mer. Continuez ces couches jusqu'à épuisement des différents ingrédients.
4. Ajoutez 1 bol d'eau et laissez mijoter 20 à 30 mn. Mélangez délicatement les couches et rectifiez l'assaisonnement avec de la sauce de soja. Une choucroute originale et de digestion facile !

Crudités et laitue de mer acidulées

- ❒ **1/2 chou blanc**
- ❒ **250 g de carottes**
- ❒ **250 g de céleri branche**
- ❒ **4 c. à s. de laitue de mer en paillettes**
- ❒ **2 c. à s. de vinaigre de riz ou de cidre**
- ❒ **2 c. à c. de sel fin**

1 Coupez le chou en lanières très fines, les carottes en allumettes très fines, les côtes du céleri en lamelles, en diagonale, très fines.

2 Dans un saladier, mélangez les légumes, la laitue, le sel et le vinaigre. Tassez bien. Laissez reposer 2 à 3 h. Ces crudités mangées sans huile, seront très rafraîchissantes et bien sûr basses calories, idéales pour l'été chaud quand la « ligne » est si importante !

Variante : vous pouvez changer d'algue, par exemple : dulses, wakamé, ao-nori, ou même en mélanger plusieurs.

Tofou à la laitue fraîche

- ❒ **200 g de tofou**
- ❒ **75 g de laitue de mer fraîche au sel**
- ❒ **huile de tournesol**
- ❒ **sauce de soja**

1 Mettez à tremper 5 mn la laitue de mer dans un petit saladier plein d'eau fraîche. Remuez-la pour décoller les lames et faire dissoudre le sel et tomber le sable. Renouvelez l'opération pour bien dessaler l'algue.

2 Coupez le tofou en tranches de 1/2 cm d'épaisseur.

3 Dans une sauteuse versez 1 c. à s d'huile et passez-y le tofou pour le faire dorer des deux côtés.

4 A ce moment pressez la laitue dans ses mains ; hachez-la grossièrement et éparpillez-la sur le tofou. Assaisonnez avec 1 à 2 c. à s. de sauce de soja et 3 à 4 c. à s. d'eau pour éviter de faire attacher la préparation.

5 Couvrez, faites mijoter 5 mn. Mélangez et laissez encore cuire 2 mn. Laissez évaporer l'excédent de liquide.

Variante : faites revenir un peu d'ail dans l'huile pour la parfumer. Retirez-le avant d'y mettre le tofou.

Moules marinières aux algues

- ❒ **1 kg de moules**
- ❒ **1 petite carotte**
- ❒ **1 petit oignon**
- ❒ **vin blanc sec**
- ❒ **3 échalotes**
- ❒ **persil**
- ❒ **2 c. à s. de salade du pêcheur**
- ❒ **1 c. à c. de farine bise**
- ❒ **huile de maïs (ou beurre)**
- ❒ **1 citron, laurier**

1 Nettoyez et lavez les moules, mettez-les dans une cocotte avec oignon, carotte, 2 brins de persil, 1/2 verre de vin blanc et une feuille de laurier.

2 Faites cuire à feu moyen, couvert. Quand elles sont bien ouvertes, retirez-les dans un plat que vous garderez au chaud.

3 Dans une autre casserole, mettez les échalotes finement hachées avec 1 verre de vin blanc, laissez réduire, puis ajoutez le jus de cuisson des moules (attention au sable).

4 Laissez mijoter et réduire d'un tiers, liez-la sauce avec la farine diluée à l'eau froide. Ajoutez 1 c. à s. d'huile de maïs (ou du beurre) 1 c. à c. de persil haché, la salade du pêcheur et le jus de citron.

5 Versez cette sauce sur les moules, couvrez et servez bien chaud.

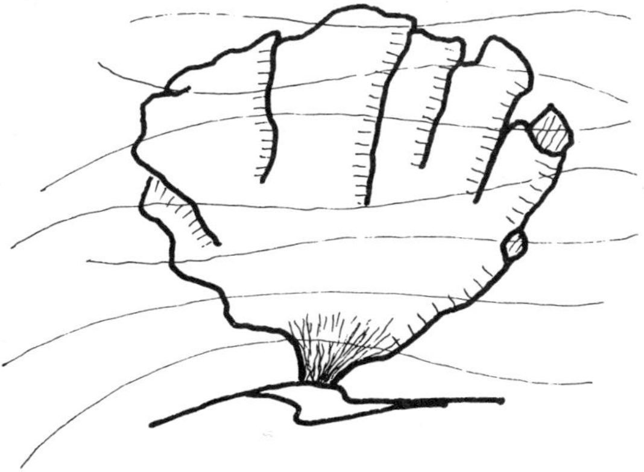

Poisson et algue en papillotte

- ❐ **1 poisson (portion) : rouget, sardine, dorade**
- ❐ **1 oignon, 1 tomate, 1 citron**
- ❐ **1 branche de fenouil sauvage**
- ❐ **1/2 feuille de laurier**
- ❐ **2 c. à s. de salade du pêcheur**
- ❐ **huile d'olive, sel**
- ❐ **papier d'aluminium**

1 Nettoyez et parez le poisson.

2 Découpez environ 50 cm de papier d'aluminium que vous plierez en deux pour le renforcer.

3 Disposez sur la diagonale de cette feuille, 1/2 oignon et 1/2 tomate en rondelles la branche de fenouil (ou quelques graines de fenouil) 1 c. à s. de salade du pêcheur.

4 Posez le poisson par-dessus, salez-le, saupoudrez-le avec la 2e c. à s. d'algues. Refermez un peu le papier d'aluminium et pressez le jus d'1/2 citron.

5 Fermez le papier d'aluminium en remontant les côtés vers le haut (pas sur le côté car le jus pourrait couler). Mettez à four moyen de 15 à 25 mn selon la taille du poisson. Très bon aussi à faire sur un lit de braises pas trop chaudes (recouvertes d'une couche de cendres).

POUSSES DE SOJA SAUTÉES ET IZIKIS

BOUILLONS AU KOMBOU

CRÈME DE LAITUE DE MER ET CROUTONS

LÉGUMES ET NORIS À LA PROVENÇALE

La NORI

Porphyra tenera

1 Nori grillée

2 Salade de tomates aux noris

3 Beignets de nori et sésame

4 Bouillon rapide aux noris

5 Velouté de tomates aux noris grillées

6 Consommé de poisson aux noris

7 Boules et rouleaux de riz aux noris

8 Légumes et noris à la provençale

9 Noris farcies

1. Description générale

En Europe on ramasse surtout la Porphyra tenera et l'umbilicalis ; au Japon, en Chine, en Corée, elle est cultivée depuis des siècles.

C'est une algue très fine couleur noire sombre aux intenses reflets pourpres.

2. Qualités nutritives

Pour 100 g	Eau	Protéines	Lipides	Glucides	Fibres	Minéraux
Porphyra	11,4	29 à 35,6	0,6 à 07	39,1 à 40,5	4,7 à 7	8 à 10,9

Vitamines et minéraux	A (IU)	B_1 (mg)	B_2 (mg)	Niacine (mg)	C (mg)	B_6 (mg)	B_{12} (µg)	Acide Folique (µg)	Calcium mg	Fer mg	Iode mg	Phosphore mg
Porphyra	44,5	0,25	1,24	10	20	1,04	13 à 29	8,8	470	23	0,5	510
Epinards	2,6	0,12	0,3	1,0	100	0,18	0	140	126	3,3		
Pomme	5	0,02	0,03	0,2	5	0,03	0	5	7	0,3		
Chou	10	0,05	0,05	0,2	44	0,16	0	90	179	2,2		
Lait									100	0		
Sésame									1100	16	-	616
Sardines									330	10	-	499
Coquillage									-		0,29	

La nori, extrêmement riche en protéines, de 29 à 35,6 %, comprend les 10 acides aminés essentiels dans de justes proportions.

Les vitamines A, B1, B2, niacine, B6 et B12, acide folique sont présentes dans des quantités tout à fait exceptionnelles. La nori peut pourvoir aux besoins réguliers en ces éléments, mais aussi - en cure - combler des carences. De plus, la nori est reminéralisante.

3. Qualités gustatives

La nori est une des algues les plus délicates et les plus parfumées : sa saveur rappelle celle des champignons, des fruits de mer, des œufs ou des fruits secs. Vous trouverez les récoltes françaises en branches séchées ou fraîches au sel ou en paillettes ; les productions japonaises et chinoises sous forme de plaques rondes ou rectangulaires

La nori en branches se réhydrate ou se dessale par un trempage de 1 à 2 mn dans un bol d'eau fraîche. Vérifiez qu'il ne reste pas quelques coquillages ou alevins prisonniers dans ses frondes. Elle est parfaite pour les préparations cuites de 15 mn à 1 h, dans les pains, ragoûts, poissons. En paillettes, employez-la sans trempage, dans des salades, des crêpes, bouillons, légumes sautés, pour paner des filets de poisson ou des tranches de millet ou de polenta ou de croquettes.

Nori grillée

❒ **2 ou 3 feuilles de nori japonaise**

1 A 10 cm au-dessus d'une flamme de gaz, passez une feuille de nori en la remuant afin qu'elle grille uniformément jusqu'à ce qu'elle prenne une couleur plus sombre et qu'elle soit bien croustillante. Vous pouvez aussi griller cette algue en la passant sur une plaque électrique chaude.

2 Utilisations : pour un apéritif original et nutritif, coupez-les au ciseaux, en rubans ou en triangles et mangez-les telles quelles (juste après le grillage). En garniture, finement émiettées sur des céréales, des pâtes, de la polenta, du poisson, ou coupées en fines lanières dans une soupe, dans un bouillon pour soba (pâtes de sarrasin).

Salade de tomates aux noris

❒ **3 tomates mûres**
❒ **1 branche de basilic frais**
❒ **2 feuilles de nori japonaise**
❒ **sauce de soja (tamari)**
❒ **1 gousse d'ail**
❒ **huile d'olive**

1 Coupez les tomates en demi-rondelles et enlevez-leur les graines. Ajoutez-y un peu de sel, mélangez et laissez dégorger 15 mn.

2 Grillez les deux feuilles de nori au-dessus d'une flamme.

3 Dans un saladier, râpez finement très peu d'ail, ajoutez 1 c. à c. de tamari, 2 c. à c. d'huile d'olive, les feuilles de basilic coupées en 2 ou 3 morceaux, puis les tomates et les feuilles de nori coupées en carrés de 1 cm de côté. Mélangez bien et servez.

Beignets de nori et sésame

- ❒ **2 feuilles de nori japonaise**
- ❒ **2 c. à s. de farine de blé bise**
- ❒ **1 tasse d'eau**
- ❒ **1 c. à s. d'arrow-root (ou maïzena)**
- ❒ **1 tasse de graines de sésame**
- ❒ **huile pour la friture**
- ❒ **sel**

1 Préparez une pâte à beignets avec l'eau, la farine, l'arrow-root et une pincée de sel. Elle doit être assez fluide.

2 Découpez les noris en bandes de 3 cm sur 10 cm.

3 Prenez une bande de nori, passez-la dans la pâte à beignets puis dans les graines de sésame sur une seule face.

4 Plongez-la dans l'huile de friture chaude pendant 2 ou 3 mn. Voilà une petite entrée ou un apéritif croustillant, savoureux et décoratif.

Bouillon rapide aux noris

- ❒ **2 feuilles de nori japonaise ou 2 à 3 c. à s. de nori en paillettes**
- ❒ **1 carotte en allumettes**
- ❒ **1 poireau coupé en diagonale finement**
- ❒ **Miso ou sauce de soja**
- ❒ **cerfeuil (ou persil)**

1 Dans 1,5 l d'eau bouillante, plongez les carottes et le poireau, laisser bouillir 3 mn.

2 Faites griller les feuilles de nori japonaises, coupez-les en fines bandes avec des ciseaux.

3 Assaisonnez le bouillon avec du miso ou de la sauce de soja.

4 Garnissez avec le cerfeuil et les noris, servez très chaud.

Velouté de tomates aux noris grillées

- ❒ **1 kg de tomates bien mûres**
- ❒ **2 oignons blancs**
- ❒ **1 branche de persil**
- ❒ **2 feuilles de nori japonaises**
- ❒ **sel, sauce de soja**
- ❒ **poivre, huile**
- ❒ **2 c. à s. de farine de blé**

1 Faites revenir les oignons avec un peu d'huile, puis ajoutez les tomates coupées en morceaux, le persil, 1 c. à c. de sel, 1 c. à c. de sauce de soja et 1 l d'eau.

2 Portez à ébullition, couvrez et laissez mijoter 20 mn. Passez au moulin à légumes avec une grille fine.

3 Diluez la farine dans 1 tasse d'eau et versez-la dans la soupe en remuant jusqu'à épaississement, rajoutez un peu de poivre et sel à votre goût et laissez mijoter 10 mn.

4 Pendant ce temps, grillez les feuilles de nori au-dessus de la flamme (voir p. 77) et coupez-les aux ciseaux en fines lanières.

5 Servez bien chaud le velouté de tomates largement garni de lanières de nori qui, étant très parfumées, donneront très rapidement un goût original à cette soupe traditionnelle.

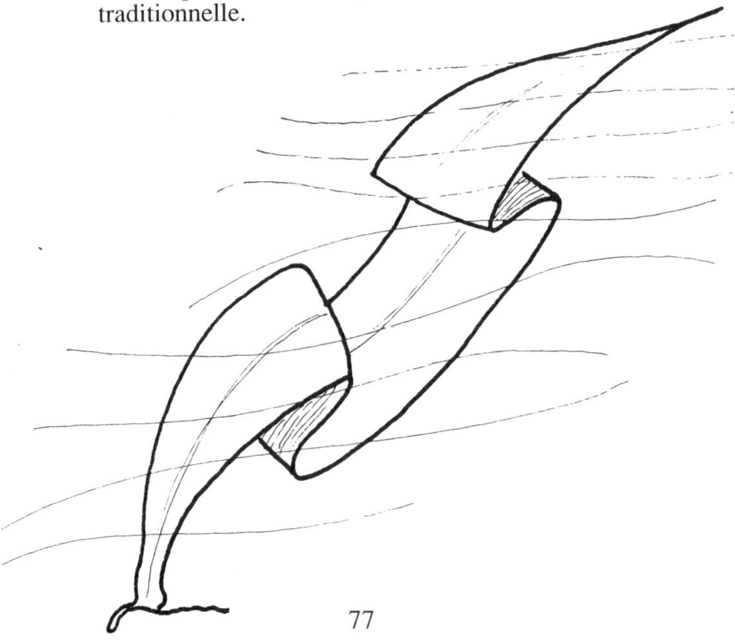

Consommé de poissons aux noris

❒ **300 g de rascasse ou rouget grondin**
❒ **2 c. à s. de nori en paillettes**
❒ **sauce de soja (shoyu)**
❒ **1 bouquet garni + 1 feuille de laurier + 1 branche de fenouil + 1 gousse d'ail**
❒ **1 citron**
❒ **persil ou ciboulette**

1 Dans 1 l d'eau, mettez à bouillir 10 mn le bouquet garni et les autres aromates avec 1/2 c. à c. de sel. Puis retirez le bouquet, le fenouil, le laurier, la gousse d'ail.

2 Coupez les filets de poisson en cubes de 1 cm de côté, plongez-les dans le bouillon ainsi que les paillettes de nori, assaisonnez avec le shoyu et laissez frémir 5 mn. Servez chaque assiette avec 1/2 rondelle très fine de citron, avec du persil ou de la ciboulete hachés.

Boules et rouleaux de riz aux noris

❒ **3 bols de riz complet cuit refroidi (pas trop sec)**
❒ **4 feuilles de nori**
❒ **filets d'anchois au sel**
❒ **huile d'olive**
❒ **persil**
❒ **sel, olive, umébosis**
❒ **mat en bambou ou torchon**

1 Faites griller les feuilles de nori au-dessus de la flamme (voir page 77).

2 Dans vos mains légèrement humides, prenez 3 c. à s. de riz, pressez-le bien et formez-le en une boule, introduisez au centre un morceau d'umébosis ou une olive. Aplatissez un peu la boule sur deux côtés.

3 Enroulez ces boules de riz dans des demi-feuilles de nori grillées en les pressant très légèrement pour que l'algue se colle bien sur chaque boule. De cette manière vous pourrez transporter du riz très commodément. Si vous mettez une umébosis au centre de la boule, celle-ci se conservera bien 2 ou 3 jours.

4 Pour les rouleaux :

a) Posez une feuille de nori grillée sur le mat en bambou ou sur un torchon plié en 2.

b) Disposez dessus une couche, bien tassée, de riz de 1 cm d'épaisseur tout en laissant une bande de 2 cm vide au bout de la feuille de nori.

c) Garnissez sur toute la longueur avec 1 ou 2 filets d'anchois, des brins de persil et un filet d'huile d'olive. Pour les jours de fête, garnissez avec du saumon fumé, des crevettes, du crabe.

- Roulez toute la préparation sur elle-même en vous aidant avec le mat en bambou ou avec le torchon (un peu comme pour rouler une cigarette à la main !). Mouillez un peu le bout de l'algue non couverte par du riz afin de la faire coller au rouleau.
- coupez en rondelles de 1,5 cm avec un couteau humide. Servez froid ou passé à la poêle.

Légumes et noris à la provençale

- ❒ **1/2 poivron rouge**
- ❒ **1/2 poivron vert**
- ❒ **1 oignon**
- ❒ **1 blanc de poireau**
- ❒ **1 courgette**
- ❒ **huile d'olive et de tournesol**
- ❒ **sel, poivre (optionnel), thym**
- ❒ **10 g de nori en branche ou 3 c. à s. de paillettes**
- ❒ **ail et persil**

1 Coupez tous les légumes en cubes de 1 cm de côté.

2 Dans une sauteuse avec 1 c. à c. d'huile de tournesol et 1 c. à c. d'huile d'olive, faites revenir, assez vivement, l'oignon, le poireau, les poivrons puis la courgette pendant 5 à 10 mn.

3 Faites tremper 3 mn la nori, égouttez-la, puis pressez-la dans vos mains et hachez-la finement.

4 Ajoutez aux légumes les noris et 1/2 verre d'eau. Assaisonnez avec sel et poivre, couvrez et laissez cuire à feu vif 5 à 7 mn. Toute l'eau doit être évaporée.

5 Ajoutez ail et persil finement hachés. Mélangez 1 mn et servez. Vous pouvez remplacer l'ail et le persil par du gingembre frais râpé donnant ainsi à ce plat une note chinoise.

Noris farcies

❒ **3 feuilles de nori japonaises**
❒ **pousses de soja, salade...**
❒ **oignons nouveaux, carottes...**
❒ **pâtes ou vermicelles de blé cuits...**
❒ **dulse, laitues de mer...**
❒ **champignons de Paris, olives, radis...**
❒ **crevettes, poissons...**
❒ **amandes, sésame grillé...**
❒ **riz cuit...**

Il s'agit de préparer des petits mélanges savoureux mais assez secs puis d'en mettre 1 c. à s. environ dans 1/4 de feuille de nori grillée. Mouillez très peu chaque coin de la nori puis attrapez-les, tous les 4, maintenez-les joints une dizaine de secondes, afin qu'ils se collent ensemble. Vous pouvez aussi faire des cornets. Les deux présentations sont très décoratives, leur saveur fine est appréciée de tous.

Exemple de farces possibles :

1) Salade aux dulses :
Coupez finement une salade verte, ajoutez-y 3 c. à s. de maïs tendre, 1 c. à s. de dulse en paillettes, un peu de sel, d'huile et de vinaigre. Mélangez et farcissez les noris.

2) Vermicelles aux crevettes :
Faites revenir 3 c. à s. de pousses de soja, 3 c. à s. de crevettes roses décortiquées, de la sauce de soja et un peu de persil haché, couvrez 5 mn puis ajoutez 3 c. à s. de vermicelles cuits. Utilisez comme farce.

3) Radis mayonnaise :
- 10 radis coupés en cubes très fins.
- 20 olives vertes coupées en cubes très fins
- 2 c. à s. de mayonnaise

Mélangez les 3 ingrédients pour farcir des cornets de nori.

Spaghettis de mer

Himanthalia elongata

1 Spaghettis frits

2 Potage aux 2 spaghettis

3 Kimpira spaghettis-carottes

4 Poireaux et spaghettis de mer

5 Riz aux 2 spaghettis

6 Spaghettis de mer piquants

1. Description générale

Cette algue ressemble à un gros spaghetti plat, vert-olive et de plusieurs mètres de long ! Comme d'épais manteaux, ils recouvrent les rochers exondés lors des grandes marées.

3. Qualités gustatives

Après un trempage de 5 à 15 mn, le spaghetti de mer se consomme cuit pendant 5 à 25 mn selon sa grosseur. Il a une saveur corsée, originale. Si vous le trouvez trop fort une pré-cuisson de 5 mn dans l'eau bouillante ou une friture de 2 ou 3 mn allègera son goût. Ils nous donnent la possibilité de créations gustatives très intéressantes.

Spaghettis frits

- ❒ **20 g de spaghettis de mer**
- ❒ **1 tasse de farine de blé bise**
- ❒ **sel fin**
- ❒ **citron**

1 Choisissez des spaghettis de mer bien fins, faites-les tremper de 5 à 10 mn selon leur taille puis laissez-les s'égoutter et absorber leur eau superficielle pendant 15 mn.

2 Par petits paquets, passez-les dans la farine qui y adhèrera en fine couche. Plongez dans l'huile de friture chaude de 1 à 3 mn selon la grosseur des algues. Sortez et égouttez sur un papier absorbant. A manger bien croustillant, saupoudré avec très peu de sel et d'un jus de citron.

Variante : même recette avec des izikis grosses (pas les petits morceaux fins).

Potage aux 2 spaghettis

- ❒ **10 g de spaghettis de mer**
- ❒ **50 g de spaghettis de blé complet**
- ❒ **100 g de céleri rave**
- ❒ **1 carotte**
- ❒ **1 poireau**
- ❒ **miso d'orge**
- ❒ **persil ou ciboulette**

1 Coupez le céleri rave et la carotte en allumettes, le poireau dans sa longueur puis en lamelles fines en diagonale.

2 Mettez à tremper les spaghettis de mer pendant 20 mn. Egouttez-les et coupez-les en morceaux de 5 cm de long.

3 Dans une casserole, metttez les légumes et les spaghettis de mer avec 1,5 l d'eau et 1 pincée de sel. Faites bouillir 10 mn. Ajoutez les spaghettis de blé coupés en 4 et laissez bouillir jusqu'à attendrissement de ces derniers (environ 15 à 20 mn selon la grosseur).

4 Assaisonnez avec du miso et laissez chauffer sans bouillir pendant 2 mn. Servez avec du persil haché ou de la ciboulette.

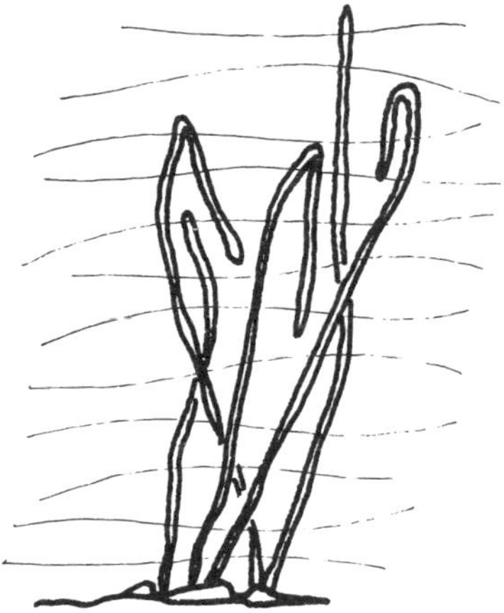

Kimpira spaghettis-carottes

- ❒ **2 carottes**
- ❒ **1 racine de bardane (optionnel)**
- ❒ **10 g de spaghettis de mer**
- ❒ **huile de tournesol**
- ❒ **sauce de soja, sel**

La Bardane est une plante sauvage dont la racine, lorsqu'elle est jeune, a un goût délicieux rappelant beaucoup celui de l'artichaut. Elle a de larges feuilles vert gris et ses fruits se collent aux vêtements.

1 Mettez les spaghettis à tremper 5 à 10 mn selon leur taille. Egouttez-les 10 mn.

2 Coupez la carotte et la bardane en fines allumettes.

3 Dans une sauteuse, versez 1 c. à s. d'huile, lorsqu'elle est chaude, faites-y revenir longuement, à feu moyen, carottes, bardane et algues jusqu'à ce que les légumes soient ramollis.

4 Ajoutez 1 verre d'eau, 2 pincées de sel, couvrez et laissez mijoter 20 mn.

5 Rectifiez l'assaisonnement avec de la sauce de soja et laissez évaporer le jus s'il en reste encore. Ce plat est très stimulant, réchauffant et renforce les intestins.

Poireaux et spaghettis de mer

- ❒ **10 g de spaghettis de mer**
- ❒ **1 kg de poireaux**
- ❒ **sauce de soja (shoyu)**
- ❒ **arrow-root (ou maïzena)**

1 Mettez les spaghettis à tremper dans de l'eau tiède pendant 15 mn puis coupez-les en morceaux de 3 cm.

2 Lavez puis coupez les poireaux en morceaux de 3 cm de long. Dans une cocotte, mettez les spaghettis puis les poireaux par-dessus, 1 petit bol d'eau et 1 c. à c. de sauce de soja.

3 Portez à ébullition. Couvrez et laissez mijoter 25 mn.

4 Diluez 1 c. à s. d'arrow-root dans 1 petite tasse d'eau froide. Versez-le dans les poireaux tout en remuant jusqu'à épaississement. Vous serez surpris de constater combien ces 2 saveurs se marient bien ensemble.

Riz aux 2 spaghettis

- ❐ **10 g de spaghettis de mer**
- ❐ **50 g de spaghettis de blé complet**
- ❐ **2 belles carottes coupées en cubes de 1 cm**
- ❐ **1 tasse de tempeh coupé en cubes de 1 cm (ou seitan)**
- ❐ **300 g de riz complet (1 bol)**
- ❐ **huile de tournesol**
- ❐ **sel**

1 Dans 1 cm d'huile chaude, faites frire 30 secondes les spaghettis de mer secs, ils doivent juste passer du noir au brun. Retirez-les et faites-les égoutter sur un papier absorbant.

2 Dans la même huile, faites frire les spaghettis de blé 1 mn. De brun ils passent par le beige puis se redorent, sortez-les à ce moment, faites-les égoutter sur un papier absorbant.

3 Faites frire les cubes de tempeh jusqu'à ce qu'ils soient dorés. Faites-les égoutter sur un papier absorbant.

4 Lavez le riz, faites-le égoutter et placez-le dans une cocotte à pression avec 1 bol 1/2 d'eau fraîche, 1/4 de c. à c. de sel, les carottes, les 2 spaghettis et le tempeh.

5 Portez à ébullition puis à pression rapidement, glissez une plaque diffuseuse sous la cocotte et laissez cuire sous pression 40 mn. Si vous voulez cuire sans pression, mettez 2 volumes d'eau, portez à ébullition rapidement puis laissez mijoter 1 h 15 mn. Servez en mélangeant les différents ingrédients de ce plat d'agréable présentation, de saveurs relevées et qu'il vous suffira d'accompagner d'une salade pour réaliser un repas équilibré.

Spaghettis de mer piquants en condiment

- ❐ **20 g de spaghettis**
- ❐ **1/2 c. à s. d'huile de tournesol**
- ❐ **sauce de soja (shoyu)**
- ❐ **gingembre frais ou aïl et persil**

1 Mettez à tremper 10 mn les algues. Faites-les cuire 20 mn dans 1/2 l d'eau et 1 c. à c. de sauce de soja. Egouttez-les.

2 Coupez les spaghettis en morceaux de 2 cm. Faites-les revenir vivement dans un poëlon huilé pendant 5 à 10 mn.

3 Ajoutez 1/2 tasse d'eau et 1 c. à s. de shoyu. Laissez mijoter jusqu'à évaporation complète de tout liquide en remuant de temps en temps.

4 Râpez 1 c. à c. de gingembre frais. Ajoutez aux spaghettis. Mélangez bien et laissez cuire, à feu très doux, couvert, 5 mn.

5 Pour une touche de douceur vous pouvez ajouter en même temps que le gingembre 1 c. à s. de vin doux (muscat, mirin) et laissez évaporer doucement en remuant.

La Wakamé

Undaria pinnatifida
Alaria esculente

1 Salade pressée et wakamé

2 Concombres et wakamé

3 Velouté de haricots verts

4 Riz semi-complet avec côtes de wakamé

5 Condiment sésame-wakamé

6 Poisson au wakamé et citron vert

7 Merluchon aux wakamés

1. Description générale

La wakamé est une grande algues brun-vert, qui a une large et puissante nervure. Sa lame découpée, peu épaisse, atteint de 50 à 70 cm de largeur. Sa culture traditionnelle au Japon et en Corée, se développe en France. La version européenne de l'undaria est l'Alaria esculenta. La wakamé séchée se conserve très longtemps à l'abri de la lumière dans des sacs bien fermés.

2. Qualités nutritives

pour 100 g	Eau	Protéines	Lipides	Glucides	Fibres	Minéraux
Undaria	16,0	12,7	1,5	47,8	3,6	18,4

Vitamines et minéraux	A (IU)	B_1 (mg)	B_2 (mg)	Niacine (mg)	C (mg)	B_6 (mg)	B_{12} (µg)	Acide Folique (µg)	Calcium mg	Fer mg	Iode mg	Phosphore mg
Undaria	140	0,11	0,14	10	15	-	-	-	1300	16	18 à 35	260
Epinards	2600	0,12	0,3	1,0	100	0,18	0	140	126	3,3		
Pomme	5	0,02	0,03	0,2	5	0,03	0	5				
Chou	10	0,05	0,05	0,2	44	0,16	0	90				
Sésame									1100			616
Lait									100			93
Sardines									330	10	0,07	499
Coquillage											0,29	73

La wakamé est riche en protéines, en minéraux, 18,4 %. La présence notable des vitamines A, B1, B2, niacine et C fait de la wakamé un stimulant de la croissance, des fonctions de reproduction, des défenses naturelles de l'organisme, elle active la circulation sanguine, la santé de la peau et des yeux.
Les minéraux : le calcium y est 13 fois plus important que dans le lait ; le fer 4 fois plus que dans les épinards.

3. Qualités gustatives

La wakamé est extrêmement appréciée au Japon, en Corée pour son goût assez carné, sa texture tendre et douce. L'algue doit être séparée en deux parties : la nervure centrale qui est grosse et épaisse ; elle a besoin de tremper de 5 à 10 mn et de cuire de 10 à 30 mn. La partie feuille est beaucoup plus tendre, un trempage de 3 à 5 mn suffit. Elle peut être employée crue dans les salades et crudités, légèrement ébouillantée pour compléter un plateau de légumes, de poisson, de crustacés ou de coquillages, ou cuite dans des bouillons et avec du poisson.

Actuellement vous trouverez des wakamés importées du Japon, ou celles cultivées en Bretagne soit sèches, soit fraîches au sel. Pour cette dernière rinçage puis trempage de 3 à 5 mn dans deux eaux successivement sont nécessaires pour le dessalage.

Salade pressée et wakamé

- ❒ **1 laitue batavia**
- ❒ **10 g de wakamé**
- ❒ **1 blanc de poireau**
- ❒ **1 branche de basilic**
- ❒ **2 c. à s. de graines de tournesol**
- ❒ **sel fin**
- ❒ **jus de citron**

1 Faites tremper les wakamés pendant 5 mn. Faites-les égoutter. Retirez la côte centrale et coupez le reste en morceaux de 1 cm^2 environ.

2 Lavez la salade, coupez-la en lanières de 2 cm de large. Coupez le basilic.

3 Dans un saladier, mettez la salade, le basilic, les wakamés, 1/2 c. à c. de sel fin et 2 c. à c. de jus de citron. Mélangez bien, tassez et posez dessus une petite assiette et un bocal plein d'eau en guise de poids. Laissez presser 1 à 2 h.

4 Remuez avant de servir cette semi-crudité très rafraîchissante. Parsemez chaque part de graines de tournesol (ou de sésame) que vous aurez préalablement grillées à sec. N'utilisez pas d'huile, elle enlèverait de la fraîcheur et du croquant à la préparation d'autant plus que les wakamés, un peu glissantes, la remplacent très bien.

Concombres et wakamé

- ❒ **2 beaux concombres**
- ❒ **20 g de wakamé**
- ❒ **1 brin d'estragon**
- ❒ **sel fin**
- ❒ **1 bloc de tofou (env. 150 g)**
- ❒ **1 c. à s. de miso (blanc si possible)**
- ❒ **1 c. à s. de vinaigre de riz ou de cidre**

1 Mettez à tremper 5 mn les wakamés. Egouttez--les, enlevez la côte centrale plus dure. Coupez le reste finement.

2 Epluchez les concombres en laissant des bandes de peau verte (pour la décoration). Coupez-les en rondelles fines.

3 Dans un saladier, mettez les concombres, les wakamés, 1 c. à c. de sel fin et l'estragon coupé finement. Pressez 1 h avec une petite assiette et un bocal plein posé par-dessus.

4 Retirez l'excèdent de jus et gardez-le dans un bol.

5 Dans de l'eau à peine salée, ébouillantez, pendant 5 mn, le bloc de tofou coupé en tranches de 1 cm.

6 Dans un mixeur à bol, mettez le tofou, le jus des concombres, le miso et le vinaigre. Mixez jusqu'à obtenir une crème lisse.

7 Nappez les concombres et wakamés avec la crème de tofou. Belle présentation et saveur délicate.

Velouté de haricots verts

- ❒ **300 g de haricots verts**
- ❒ **200 g de pommes de terre nouvelle**
- ❒ **10 cm d'algue wakamé**
- ❒ **sel**

1 Coupez les haricots en morceaux de 1 cm, les pommes de terre en dés de 1 cm.

2 Mettez à tremper la wakamé 5 mn, enlevez et réservez la côte centrale, puis coupez le reste dans les deux sens.

3 Disposez dans une casserole les haricots, les pommes de terre, recouvrez d'eau, ajoutez une pointe de sel et faites cuire à petit bouillon 15 à 20 mn.

4 Ajoutez 1 l d'eau, portez à ébullition. Mixez finement. Ajoutez la wakamé et laissez frémir 5 mn. Rectifiez l'assaisonnement. Servez tiède ou frais les jours d'été.

Riz semi-complet aux côtes de wakamé

Dans plusieurs recettes précédentes je vous ai conseillé d'enlever la côte centrale de la wakamé. En effet celle-ci peut être très épaisse et dure et son temps de cuisson (ou d'attendrissement au trempage) est beaucoup plus long que pour le reste de l'algue. Cependant cette côte est très bonne et il serait dommage de ne pas l'utiliser. Voici donc une recette pour l'utiliser avec du riz (ou boulghour ou blé mondé). Vous pouvez aussi l'utiliser dans des soupes à cuisson longue.

- ❒ **300 g de riz semi-complet**
- ❒ **5 à 10 g de côtes de wakamé trempées**
- ❒ **2 belles carottes coupées en dés**
- ❒ **1 petit bol de crevettes décortiquées**
- ❒ **huile de sésame**
- ❒ **ail et persil hachés**

1 Dans une cocotte en fonte, versez 1/2 cm d'huile. Lorsqu'elle est chaude, faites-y griller les côtes de wakamé 2 à 3 mn. Retirez-les et faites-les égoutter sur un papier absorbant.

2 Dans la même huile, faites revenir les crevettes, sauf quelques-unes, retirez-les. Egouttez-les puis faites de même avec les carottes. Retirez le reste d'huile.

3 Lavez le riz semi-complet à l'eau fraîche et faites-le égoutter.

4 Mettez dans la cocotte le riz, les crevettes, les côtes de wakamé, les carottes et 2 fois le volume de riz en eau bouillante salée. Couvrez et laissez cuire à feu doux 25 à 35 mn. Toute l'eau doit être absorbée et le riz bien décollé.

5 Ajoutez l'ail et le persil. Mélangez bien tous les ingrédients avant de servir décoré avec les crevettes que vous avez réservées à cet effet.

Condiment sésame-wakamé - « gomasio » enfant

- ❒ **30 cm de wakamé**
- ❒ **10 c. à s. de sésame**
- ❒ **1 suribachi ou mortier**

1 Dans un four à environ 170° C, faites griller les algues sèches jusqu'à ce que vous puissiez les briser dans vos doigts. L'algue ne doit pas être carbonisée.

2 Lavez le sésame, faites-le égoutter dans un tamis. Puis faites-le griller (encore mouillé) à feu moyen sans huile jusqu'à ce que vous puissiez aisément briser quelques grains entre le pouce et l'annulaire de votre main gauche. Les grains ne doivent pas brunir, au contraire ils sont même un peu plus pâles qu'avant le grillage.

3 Mettez l'algue grillée dans le suribachi et réduisez-la en poudre très fine. Vous devez en obtenir à peu près 1 c. à s. Ajoutez alors le sésame grillé (10 c. à s.).

4 Ecrasez doucement les graines en posant votre main gauche sur le pilon et en tournant avec la main droite. 75 % des grains doivent être brisés en 2 ou 3 morceaux plutôt que réduits en poudre. Conservez dans un bocal. Ce condiment est excellent pour les personnes qui ne doivent pas prendre de sel et pour les enfants. Il est reminéralisant et tonifiant.

Poisson au wakamé et citron vert

- ❒ **600 g de lieu noir ou cabillaud**
- ❒ **1/2 kg de citrons verts**
- ❒ **10 g de wakamé**
- ❒ **sel, poivre**
- ❒ **vert d'oignon ou ciboulette**

1 Coupez le poisson en bandes de 1 cm de largeur. Saupoudrez-le de sel fin et mélangez. Laissez-le dégorger pendant 1 h 30.

2 Egouttez-le. Pressez tous les citrons sauf 1 et versez leur jus sur le poisson. Laissez macérer 2 h.

3 Rincez l'algue wakamé sous l'eau fraîche et laissez-la tremper 3 à 4 mn. Enlevez la côte centrale, coupez le reste en carrés que vous ajouterez au poisson ainsi que la ciboule finement coupée. Attendez encore 5 mn. Ne laissez pas trop longtemps la wakamé avec le poisson car elle deviendrait visqueuse.

4 Décorez avec quelques rondelles de citron vert. Ce plat rafraîchissant convient bien pour l'été ; de plus il est pauvre en calories mais très riche en minéraux et vitamines.

Merluchons aux wakamés

- ❒ **6 merluchons portion**
- ❒ **40 cm de wakamé**
- ❒ **ail, persil, mie de pain bis**
- ❒ **huile de sésame**
- ❒ **lait de soja**
- ❒ **sauce de soja**
- ❒ **sel**
- ❒ **1 citron**

1 Préparez une petite farce : coupez la mie de pain bis en petits cubes, versez dessus assez de lait de soja bouillant pour obtenir une pâte ferme. Ajoutez-y 2 c. à s. d'ail et de persil finement haché. Assaisonnez avec sel et sauce de soja.

2 Mettez la wakamé à tremper pendant 3 mn dans de l'eau froide. Coupez-la en tronçons de 6 à 7 cm après l'avoir pressée délicatement dans vos mains.

3 Mettez un peu de farce dans chaque merluchon. Etalez bien les morceaux de wakamé. Enroulez chaque merluchon avec 1 morceau. Disposez tous les poissons, ainsi parés, dans un plat à gratin huilé. Saupoudrez légèrement de sel, sauce de soja, jus de citron.

4 Faites cuire à four moyen pendant environ 20 mn (selon la taille des poissons). La chair du poisson se détache aisément de l'arête centrale lorsque celui-ci est cuit.

5 Servez en décorant avec des demi rondelles de citron et quelques brins de persil. C'est un autre plat peu calorique et pourtant très nutritif.

Si cet ouvrage a su éveiller ou accroître votre intérêt pour les algues marines et leurs magnifiques qualités nutritionnelles et culinaires - et si l'idée de passer des vacances utiles et toniques en Bretagne vous séduit - sachez que l'auteur et son mari organisent et animent des stages

D'ÉTUDE ET DÉCOUVERTE DES ALGUES MARINES COMESTIBLES

chaque année au mois d'août, durant une semaine, dans l'un des plus beaux sites de la Bretagne du nord. Ces stages vous permettront

- de découvrir dans leur milieu naturel sauvage, exempt de toute polution (1), de très nombreuses espèces d'algues,
- de connaître leur mille et une vertus alimentaires et thérapeutiques,
- d'apprendre à les identifier, récolter, sécher et intégrer harmonieusement dans vos repas quotidiens, et même...
- de les employer à des fins artistiques et décoratives.

Pour tous renseignements, contactez :

Hélène et Matéo MAGARINOS
19, rue du Clapas - 34820 Teyran (France)
Tél. : 33/67.87.11.39

(1) Les lieux de récolte et d'étude sont en outre sous la surveillance permanente d'organismes officiels spécialisés tels que l'IFREMER et le CEVA (Centre d'Etudes et de Valorisation des Algues, à 22610 Pleubian).

TABLE DES MATIERES

INTRODUCTION GÉNÉRALE SUR LES VÉGÉTAUX MARINS 7
1 Aperçu historique sur la consommation des algues 9
2 Valeur nutritionnelle des algues 11
3 Valeurs gustatives et culinaires des algues 16

AGAR-AGAR 17
Gelée de jus de fruits 19
Concombres en gelée 20
Poisson en gelée parfumée 20
Gelée de mûres sans sucre 22
Purée de fruits en gelée 22
Bavarois aux fraises 23
Moka aux fruits secs 24

AO-NORI 25
Salades aux fines herbes marines 27
Délices aux 3 fines herbes 27
Tomates à la provençale 28
Taboulé à l'ao-nori 28
Tranches de tofou océanes 29
Boules de riz panées à l'ao-nori 29
Créme de tofou ao-nori 30

ARAMÉ 31
Cuisson de base des aramés 33
Salade frisée aux aramés et au crabe 34
Pickles d'aramés 34
Velouté aux 3 vermicelles 35
Aramé aux fruits secs 36
Aramés-carottes-oignons 36
Roulé aux aramés 37
Beignets de tofou et aramé 38

CARRAGHEEN 39
Cabillaud et carragheen 39

DULSE 41
Dulse instantanée au persil 43
Carottes râpées aux dulses 43
Salade, dulses et noix grillées 44
Bouillon amincissant aux dulses 44
Lait d'avoine aux dulses 45
Les 3 couleurs 46
Omelette dulse-gingembre 46

IZIKI 47
Cuisson de base des izikis 49
Caviar d'izikis 49
Salade izikis-cresson 50
Salade verte et noire 50
Riz sauté aux izikis 50
Polenta fourrée aux izikis 51
Gratin de tofou-maïs-izikis 52
Tarte aux oignons et izikis 52
Pousses de soja sautées et izikis 53

LA KOMBOU 55
Cornichons à la russe au kombou 57
Bouillons au kombou 58
Velouté de pois cassés et kombou 59
Soupe des 5 trésors 60
Légumes roulés dans des laminaires 61
Casserole orge-morue-laminaire 62
Beignets de laminaires 63
Salade de maïs et saccharina 63
Chou et saccharina au cumin 64

LA LAITUE DE MER 65
Laitue de mer et radis en salade 67
Salades vertes et fruits secs 68
Crème de laitue de mer aux croûtons 68
Choucroute laitues de mer et harengs 69
Crudités et laitue de mer acidulées 70
Tofou à la laitue fraîche 70
Moules marinières aux algues 71
Poisson et algues en papillotte 72

LA NORI 73
Nori grillée 75
Salade de tomates aux noris 75
Beignets de nori et sésame 76
Bouillon rapide aux noris 76
Velouté de tomates aux noris grillées 77
Consommé de poissons aux noris 78
Boules et rouleaux de riz aux noris 78
Légumes et noris à la provençale 79
Noris farcies 80

SPAGHETTIS DE MER 81
Potage aux 2 spaghettis 83
Kimpira spaghettis-carottes 84
Poireaux et spaghettis de mer 84
Riz aux 2 spaghettis 85
Spaghettis de mer piquants en condiment 86

LE WAKAMÉ 87
Salade pressée et wakamé 89
Concombres et wakamé 90
Velouté de haricots verts 90
Riz semi-complet aux côtes de wakamé 91
Condiment sésame-wakamé-“gomasio” enfant 92
Poisson au wakamé et citron vert 92
Merluchons aux wakamés 93

Achevé d'imprimer par IMB - 14401 Bayeux (France)
N° d'Imprimeur : 0732 - Précédent dépôt : septembre 1997 - Dépôt légal : novembre 1998 - *Imprimé en U.E.*